21世纪高职高专旅游系列规划教材

前厅服务与管理
(第2版)

主　编　黄志刚
副主编　尹　奎　周　欣　梅玲玲
主　审　阚志霞

北京大学出版社
PEKING UNIVERSITY PRESS

内 容 简 介

本书根据酒店前厅部服务与管理的客观规律,以理论为指导,以业务经营活动为中心,以科学管理思想和方法为主要内容,系统阐述前厅服务和管理人员应掌握的必备知识。本书共分八章,重在培养学生从事前厅服务与管理工作的意识与理念,训练学生酒店前厅服务的基本操作技能。

本书既可作为高职高专旅游管理类与酒店管理类专业的教材,也可作为职大、夜大、函授和中职旅游类专业的教材,还可作为酒店管理人员、服务人员的培训和工作参考用书。

图书在版编目(CIP)数据

前厅服务与管理/黄志刚主编. —2 版. —北京:北京大学出版社,2015.7
(21 世纪高职高专旅游系列规划教材)
ISBN 978-7-301-26074-6

Ⅰ.①前… Ⅱ.①黄… Ⅲ.①饭店—商业服务—高等职业教育—教材②饭店—商业管理—高等职业教育—教材 Ⅳ.①F719.2

中国版本图书馆 CIP 数据核字(2015)第 168078 号

书　　名	前厅服务与管理(第 2 版)
著作责任者	黄志刚　主编
责任编辑	刘国明
标准书号	ISBN 978-7-301-26074-6
出版发行	北京大学出版社
地　　址	北京市海淀区成府路 205 号　100871
网　　址	http://www.pup.cn　新浪微博:@北京大学出版社
电子信箱	pup_6@163.com
电　　话	邮购部 62752015　发行部 62750672　编辑部 62750667
印 刷 者	北京虎彩文化传播有限公司
经 销 者	新华书店
	787 毫米×1092 毫米　16 开本　12.5 印张　282 千字
	2012 年 1 月第 1 版
	2015 年 7 月第 2 版　2021 年 1 月第 5 次印刷
定　　价	35.00 元

未经许可,不得以任何方式复制或抄袭本书之部分或全部内容。
版权所有,侵权必究
举报电话:010-62752024　电子信箱:fd@pup.pku.edu.cn
图书如有印装质量问题,请与出版部联系,电话:010-62756370

第 2 版前言

近年来，我国酒店业虽受有关政策影响，出现过一段茫然期，但各类型酒店在重新梳理客源市场，重点开发亲民产品后，仍然呈现出高速化、多层次、全方位的发展。截至 2015 年第一季度，国家旅游局认定的星级酒店总数达 11000 多家，经济型酒店总数达 15000 多家。中端品牌酒店集中爆发，主题与精品酒店风靡，高端酒店转做大众市场，高科技智慧酒店体验推广扩大，业内兼并收购步伐加速等，都充分表明中国的酒店业正在回归理性，朝着更加市场化、人性化的方向发展。而作为酒店命脉和中枢系统的前厅部，也因这种变革而不断转变管理理念，优化营销方案，提高服务水准，加强科技应用，提高员工素养，使宾客享受到更全面、更细致、更贴心的前厅服务。

本教材自出版以来，受到了广大旅游类专业教师、学生和酒店前厅部从业人员的好评。鉴于饭店信息化技术的不断发展、前厅部服务与管理的不断优化，以及高职旅游类专业教育教学改革的不断推进，本书进行了第 2 版的修订。

修订后本教材共有 8 章，包括酒店前厅部概述、前厅部员工的素质要求和礼仪规范、酒店房价、房型与房态、客房预订、入住接待、前厅部其他业务、收银与结账离店、前厅部服务质量管理与宾客投诉处理。其他主要修订内容如下：

1. 简化了有关知识点的理论阐述，更加突出实践操作。
2. 更新了书中有时间性的数据资料。
3. 更换并新增了部分案例和图片。
4. 丰富了信息化技术的应用，如"手机 APP 订房""微信选房""身份证阅读器""智能房卡制作""打车软件""大厅 WiFi"等。
5. 更新或新增了以下知识点：
(1) 新增了前台管理系统软件的介绍；
(2) 新增了前厅的设备介绍；；
(3) 新增了酒店公共设施标识；
(4) 更新了客房的类型；
(5) 更新了预订客房的方式；
(6) 新增了支付房费押金的实例；
(7) 新增了离店"0 停留"服务的介绍；
(8) 新增了 GSM 岗位的介绍等。

黄志刚

2015 年 7 月

前　　言

"前厅服务与管理"是高职高专旅游管理类与酒店管理类专业的一门必修课程，属酒店房务服务与管理能力课程。本书根据酒店前厅部服务与管理的客观规律，以理论为指导，以业务经营活动为中心，以科学管理思想和方法为主要内容，系统阐述前厅服务和管理人员应掌握的必备知识。本书重在培养学生从事前厅服务与管理工作的意识与理念，训练学生酒店前厅服务的基本操作技能，使学生今后能胜任前厅服务与基层管理工作，并适应行业发展与职业变化的基本能力。

本书共分8章，主要内容包括酒店前厅部概述、前厅部员工的素质要求和礼仪规范、酒店房价、房型与房态、客房预订、入住接待、前厅部其他业务、收银与结账离店、前厅部服务质量管理与宾客投诉处理、经济型酒店前厅部的服务与管理。

本书每章的内容均包括"本章概要""学习目标""案例导读"基本知识、"案例分析""学习小结""思考与实践"等几大模块，以方便教与学的实施。另外，为拓展专业知识，还设有"知识链接"和"小资料"，更加增强了本书的实用性。

本书主要用作高职高专旅游管理类与酒店管理类专业的教材，也可作为职大、夜大、函授和中职旅游类专业的教材，还可作为酒店管理人员、服务人员的培训和工作参考用书。

本书由黄志刚(常州轻工职业技术学院)任主编，尹奎(常州轻工职业技术学院)，周欣(南京旅游职业学院)和梅玲玲(无锡商业职业技术学院)任副主编。参加编写人员分工如下：黄志刚编写第3章、第5章、第6章、第7章；尹奎编写第1章、第4章；周欣编写第2章；梅玲玲编写第8章。全书最后由黄志刚统稿。本书由阚志霞(南通职业大学)任主审。

由于编写时间仓促，加之编者水平有限，书中难免疏漏和不妥之处，恳请广大读者批评指正，不胜感激。

黄志刚
2011年10月

目　　录

第 1 章　走进酒店前厅部 1

1.1 前厅部的地位与主要任务 2
1.1.1 前厅部在酒店中的地位 3
1.1.2 前厅部的工作任务 4

1.2 前厅部组织结构与岗位职责 6
1.2.1 前厅部组织结构模式 6
1.2.2 前厅部各主要机构简介 8
1.2.3 前厅部主要管理岗位职责 9

1.3 前厅布局与环境 12
1.3.1 前厅的分区布局 12
1.3.2 前厅的装饰美化 15
1.3.3 前厅微小气候与定量卫生 17
1.3.4 前厅主要设备 18

1.4 前厅部服务特点与对客服务流程 22
1.4.1 前厅部服务的特点 22
1.4.2 前厅部对客服务流程 23

学习小结 26

第 2 章　前厅部员工的素质要求和礼仪规范 28

2.1 前厅部员工的素质要求 29
2.1.1 前厅部员工要有良好的职业道德 29
2.1.2 前厅部员工要有强烈的服务意识 30
2.1.3 前厅部员工要有流畅的语言表达能力 30
2.1.4 前厅部员工要有一定的抗压能力 30
2.1.5 前厅部员工要有丰富的专业知识 30

2.2 前厅部员工的仪容、仪表和仪态规范 31

2.2.1 前厅部员工的仪容规范 31
2.2.2 前厅部员工的仪表规范 33
2.2.3 前厅部员工的仪态规范 34

2.3 前厅部员工的对客交往礼仪 40
2.3.1 前厅部员工的言谈礼仪 40
2.3.2 前厅部员工的介绍礼仪 42
2.3.3 前厅部员工的名片礼仪 42
2.3.4 前厅部员工的握手礼仪 43

学习小结 45

第 3 章　酒店房价、房型与房态 46

3.1 制定房价并分类 48
3.1.1 客房定价策略 48
3.1.2 房价的基本类型 50

3.2 对房型进行分类 53
3.2.1 按房间的布置划分 53
3.2.2 按房间的位置划分 58

3.3 获取并控制房态信息 59
3.3.1 房态的含义 59
3.3.2 房态的主要类型 59
3.3.3 房态的显示方法 60
3.3.4 房态的转换 61

学习小结 62

第 4 章　预订客房 64

4.1 选择一种联系方式预订客房 66
4.1.1 电话预订 66
4.1.2 传真预订 67
4.1.3 现场预订 67
4.1.4 酒店官网预订 68
4.1.5 中间商网站预订 68
4.1.6 团购网站预订 69
4.1.7 移动端 APP 预订 69

4.2 确认客房预订的类别 70
    4.2.1 临时性预订 70
    4.2.2 确认性预订 71
    4.2.3 保证性预订 71
4.3 客房预订操作 72
    4.3.1 预订前的准备工作 73
    4.3.2 受理预订 73
    4.3.3 确认预订 74
    4.3.4 预订记录存档 75
    4.3.5 预订的变更与取消 76
4.4 考虑超额订房 77
    4.4.1 超额订房控制 77
    4.4.2 超额订房过度的处理方法 78
学习小结 80

第5章 入住接待 81

5.1 准备办理入住登记手续 82
    5.1.1 办理入住登记手续的目的 82
    5.1.2 入住登记的相关表格 84
    5.1.3 入住登记的相关证件 87
5.2 入住接待操作 91
    5.2.1 普通散客入住接待程序 91
    5.2.2 团体入住接待程序 94
    5.2.3 商务楼层入住接待程序 95
    5.2.4 VIP入住接待程序 96
5.3 销售并安排客房 98
    5.3.1 前厅销售内容 98
    5.3.2 前厅销售要求 99
    5.3.3 客房报价方法 100
    5.3.4 客房销售技巧 101
    5.3.5 安排客房的技巧 102
    5.3.6 安排客房的顺序 103
5.4 处理入住期间的常见问题 105
    5.4.1 换房 105
    5.4.2 加床 106
    5.4.3 押金不足 106
    5.4.4 续住 107

    5.4.5 访客查询 107
    5.4.6 卖重房 108
学习小结 108

第6章 前厅部的其他业务 111

6.1 掌握礼宾服务规范 112
    6.1.1 宾客迎送服务 113
    6.1.2 行李服务 115
    6.1.3 "金钥匙"服务 121
    6.1.4 委托代办服务 123
    6.1.5 问讯服务 127
6.2 掌握贵重物品寄存规范 129
    6.2.1 前台贵重物品保险箱的启用 130
    6.2.2 寄存中途开箱的处理 130
    6.2.3 客人退还保险箱的处理 130
    6.2.4 客人遗失钥匙的处理 130
6.3 熟悉电话总机服务规范 132
    6.3.1 电话总机服务的基本要求 133
    6.3.2 转接电话 133
    6.3.3 叫醒服务 134
    6.3.4 饭店临时指挥中心 135
6.4 了解商务中心服务规范 137
    6.4.1 打印服务程序 137
    6.4.2 复印服务程序 138
    6.4.3 传真服务程序 138
    6.4.4 翻译服务程序 138
    6.4.5 会议室出租服务程序 138
学习小结 140

第7章 收银与结账离店 141

7.1 做好客账 142
    7.1.1 客账处理要求 143
    7.1.2 客账处理流程 144
    7.1.3 宾客付款方式 146
7.2 兑换外币 148
    7.2.1 外币现钞兑换 148
    7.2.2 旅行支票兑换 151

7.3	结账离店 152	
	7.3.1 散客结账离店工作程序 152	
	7.3.2 团队结账离店工作程序 154	
学习小结 156		

第8章 前厅部服务质量管理与宾客投诉处理 157

8.1 解析前厅部服务质量 159
    8.1.1 酒店服务质量 159
    8.1.2 前厅部服务质量 161
8.2 控制前厅部服务质量 166
    8.2.1 前厅服务质量控制的特点和任务 166
    8.2.2 提高前厅部服务质量的途径 167
    8.2.3 前厅部客史档案的建立 171
8.3 处理酒店的宾客投诉 173
    8.3.1 AM，GSM 和 GRO 173
    8.3.2 宾客投诉及其处理 178
    8.3.3 酒店危机服务 181
学习小结 186

参考文献 187

第1章 走进酒店前厅部

本章概要

- 前厅部在酒店中的地位
- 酒店前厅部的主要工作任务
- 前厅部组织结构模式
- 前厅部各主要机构的工作任务
- 前厅的分区布局及装饰美化
- 前厅部服务的特点
- 前厅部对客服务流程

学习目标

- 了解前厅部在酒店中的地位
- 掌握酒店前厅部的主要工作任务
- 了解前厅部组织结构模式
- 掌握酒店前厅部各主要机构的工作任务
- 熟悉前厅的分区布局及装饰美化
- 了解前厅的微小气候与定量卫生
- 了解前厅部服务的特点
- 熟悉前厅部对客服务流程

案例导读

某酒店的前台，几名年轻的员工正忙于接待办理入住和离店手续的客人。此时，只见大门入口处有两位西装革履的中年人，提着一个看上去有些重的箱子径直往前台走来。

"您好，请问有什么能为您效劳的？"刚放下电话的小李很有礼貌地主动问道。

"有件事情麻烦一下。"其中一位戴眼镜的中年人说话有点腼腆，他似乎不知从何说起，稍许停顿一下后，目光对着地上的那只箱子。

"我们一定尽力而为，请您说吧。"小李真心实意地鼓励他。

"我们是 A 市某公司的驻京代表，这里是一箱资料，要尽快交给我们公司总经理，他将于今天下午 3 点到达这里。我们下午不能前来迎接，所以想把箱子先放在酒店里，待我们总经理一到，请你们交给他本人。"

"请放心，我们一定办到。"小李再三保证。

下午 3 时已到，那家公司的总经理还未抵达酒店，小李打电话到机场，获知飞机没有误点。但因那两位中年人没有留下电话和地址，所以小李别无选择，只能再等下去。又是两个小时过去了，那位总经理仍然没来，小李不得不作好交接箱子的思想准备。就在这一瞬间，电话铃响了。

"前台吗？今天早晨我们留在前台的那只资料箱本想交给我们总经理的。刚才接到总经理电话，说他被住在另一家酒店的一位朋友邀去，决定就住在那儿了，而那箱资料是他急用的……"还是那位戴眼镜的驻京代表的声音。

"您不用着急，我会设法把箱子立刻送到那家酒店的"。

半小时后，那位驻京代表又打来电话："小李，箱子已经送到，十二万分感谢。我们总经理改变主意住到别的酒店，你们不但没有计较，还为我们服务得那么好，真不知如何表达我们的感激。总经理说，下回一定要住你们酒店。"

资料来源：职业餐饮网 www.canyin168.com

【问题】请问小李作为前厅部员工，工作职责履行得怎样？请你对他的工作做出评价。

【分析】为住店客人寄存行李或贵重物品是酒店的常规服务内容，而该酒店前台主动承接未到店客人的物品，则是一种超常规服务。案例中的公司总经理并未预订客房，小李在没有确定客人入住本店的前提下答应为其保管资料箱，这是难能可贵的。不仅如此，小李还主动与机场联系，了解航班情况，下班时又能主动交接，体现了优秀员工所应具备的高度责任心。

最令人感动的是，当得知客人住到别的酒店后，酒店前台不但没有恼火，还满足了客人的需求，这样的服务可谓真正做到了家。酒店前台的优质服务牢牢印进了这几位客人的脑海中，他们理所当然成为该店的潜在客人和"义务宣传员"。小李作为前厅部员工为酒店树立了良好的形象。

1.1　前厅部的地位与主要任务

无论酒店规模多大、档次多高，前厅部总是酒店业务活动的中心、客人与酒店沟通的桥梁。它被安排在酒店最显眼处，既是客人踏入酒店时最先接触的部门，也是客人离店时最后接触的部门。因此，前厅部工作的好坏，直接关系到客人对住宿的满意程度和对酒店的印象，这不仅影响到酒店的客房出租率和经济收入，而且也反映出酒店工作效率、服务质量和管理水平的高低。可以说，前厅部是现代酒店管理的关键部门。

前厅部工作人员与每一位入住酒店的客人进行接触、交谈，为他们服务。客人对前厅部服务的直接要求和通过其他部门转来的间接要求形成了总服务台繁忙的日常工作。客人要通过前厅部办理登记入住手续；酒店要通过前厅部为客人提供账单服务、资料信息查询服务等；来访客人会见下榻在酒店的客人或亲友时，要与前厅部联系；客人在餐厅遇到问题或是需要兑换零钱时，要找前厅部解决；酒店管理层要澄清客人的问题或有关事宜时，也要通过前厅部。那么，酒店的前厅部究竟是怎样的一个部门呢？

前厅部(Front Office)是指设在酒店大堂，组织接待工作，调度业务，以及为客人提供订房、入住登记、行李递送与寄存、电话转接、退房、投诉处理等服务，同时为酒店其他各部门提供信息的综合性服务部门。

1.1.1 前厅部在酒店中的地位

前厅部是现代酒店的重要组成部分，在酒店经营管理中占有举足轻重的地位。前厅部的运转和管理水平，直接影响到整个酒店的经营效果和对外形象。前厅部在酒店中的重要地位，主要表现在以下几个方面。

1. 前厅部是酒店业务活动的中心

前厅部是一个综合性服务部门，服务项目多，服务时间长。酒店中的任何一位客人，从抵店前的预订，到入住，直至离店结账，都需要前厅部提供服务，前厅部是客人与酒店联系的纽带。前厅部通过客房商品的销售来带动酒店其他部门的经营活动。同时，前厅部还要及时地将客源、客情、客人需求及投诉等各种信息通报有关部门，共同协调整个酒店的对客服务工作，以确保服务工作的效率和质量。所以，前厅部通常被视为酒店的"神经中枢"，是整个酒店承上启下、联系内外、疏通左右的枢纽。无论酒店规模大小、档次如何，前厅部总是向客人提供服务的中心。

作为酒店业务活动的中心，前厅部还直接面对市场，面对客人，是酒店中最敏感的部门。前厅部能收集到有关市场变化、客人需求和整个酒店对客服务、经营管理的各种信息并对这些信息进行认真的整理和分析，每日或定期向酒店提供真实反映酒店经营管理情况的数据报表和工作报告，并向酒店管理机构提供咨询意见，作为制订和调整酒店计划和经营策略的参考依据。

2. 前厅部是酒店形象的代表

酒店形象是公众对于酒店的总体评价，是酒店的表现与特征在公众心目中的反映。酒店形象对现代酒店的生存和发展有着直接的影响。一个好的形象是酒店巨大的精神财富。酒店前厅部的主要服务机构通常都设在客人来往最为频繁的大堂。任何客人一进店，就会对大堂的环境艺术、装饰布置、设备设施和前厅部员工仪容仪表、服务质量、工作效率等产生深刻的"第一印象"。而这种第一印象在客人对酒店的认知中会产生非常重要的作用，它产生于瞬间,但却会长时间保留在人们的记忆中。客人入住期满离店时,也要经由大堂,前厅服务人员在为客人办理结算手续、送别客人时的工作表现会给客人留下"最后印象",优质的服务将使客人对酒店产生依恋之情。

客人入住期间,前厅要提供各种服务,客人遇到困难要找前厅寻找帮助,客人感到不满时也要找前厅投诉。在客人的心目中,前厅便是酒店。而且,在大堂汇集的大量人流中,除住店客人外,还有许多前来就餐、开会、购物、参观游览、会客交谈、检查指导等各种客人。他们往往停留在大堂,对酒店的环境、设施、服务品头论足。因此,前厅管理水平和服务水准,往往直接反映整个酒店的管理水平、服务质量和服务风格。前厅是酒店工作的"橱窗",代表着酒店的对外形象。

3. 前厅部是酒店创造经济收入的关键部门

为宾客提供食宿是酒店的基本功能,客房是酒店出售的最大、最主要的产品。通常在酒店的营业收入中,客房销售额要高于其他各项。据统计,目前国际上客房收入一般约占酒店总营业收入的50%(见表1-1),而在我国有些酒店,特别是经济型酒店还要高于这个比例。所以前厅部的有效运转与销售是提高酒店客房出租率,增加客房销售收入,从而提高酒店整体经济效益的关键途径之一。

表1-1　2015年第一季度全国星级饭店收入比重统计表

项目 星级	饭店数量 (家)	营业收入 (亿元)	餐饮收入比重 (%)	客房收入比重 (%)
一星级	104	0.38	39.61	56.38
二星级	2605	24.29	41.83	45.70
三星级	5428	119.71	46.65	40.74
四星级	2429	162.19	44.69	41.72
五星级	803	185.11	45.31	42.84
合计/平均	11369	491.68	45.26	42.10

数据来源:国家旅游局监督管理司

1.1.2　前厅部的工作任务

前厅部的目标是尽最大可能推销酒店客房及其他相关产品,并协助酒店各部门向客人提供满意的服务,使酒店获得理想的经济效益和社会效益。具体地讲,前厅部有以下几项主要任务。

1. 销售客房及酒店其他产品

前厅部的首要任务是销售客房。前厅部推销客房数量的多少、达成价格的高低,不仅直接影响着酒店的客房收入,而且住客人数的多少和消费水平的高低也间接影响着酒店餐厅、酒吧及长途电话等业务收入。客房商品又具有价值不可储存性的特征,是一种"极易腐烂"的商品。因此，前厅部的全体员工必须尽力组织客源，推销客房商品，提高客房出租率，以实现客房商品价值，增加酒店经济收入。前厅部销售客房的数量和达成的平均房价水平，是衡量其工作绩效的一项重要的客观标准。

具体来说，前厅部的销售工作通常包括以下内容。

(1) 参与酒店的市场调研和房价及促销策划的制定，配合营销部、公关部进行对外联系，开展促销活动。

(2) 开展客房销售和预订业务。

(3) 接待有预订和未经预订而直接抵店的客人。

(4) 办理客人的登记入住手续，安排住房并确定房价。

(5) 推销酒店的主题营销产品，如"中秋月饼"产品、"圣诞晚宴"产品、"年夜饭套餐"产品等，以及酒店的各类会员卡。

2. 调度酒店业务，协调对客服务

调度酒店业务是现代酒店前厅部的一个重要功能。现代酒店是既有分工，又有协作，相互联系、互为条件的有机整体，酒店服务质量好坏取决于宾客的满意程度，而宾客的满意程度是对酒店每一次具体服务所形成的一系列感受和印象的总和，在对客服务的全过程中，任何一个环节出现差错，都会影响到服务质量，影响到酒店的整体声誉。所以，现代酒店要强调统一协调的对客服务，要使分工的各个方面都能有效地运转，都能充分地发挥作用。前厅部作为酒店的"神经中枢"，承担着对酒店业务安排的调度工作和对客服务的协调工作。主要表现在以下三个方面。

(1) 将通过销售客房商品活动所掌握的客源市场、客房预订及到客情况及时通报其他有关部门，使各有关部门有计划地安排好各自的工作，互相配合，保证各部门的业务均衡衔接。

(2) 将客人的需求及接待要求等信息传递给各有关部门，并检查、监督落实情况。

(3) 将客人的投诉意见及处理意见及时反馈给有关部门，以保证酒店的服务质量。

为适应旅游市场需求，增强企业自身的竞争能力，现代酒店尤其是高档大中型酒店的业务内容越来越多，分工越来越细，前厅部的这种调度酒店业务功能也就显得更为重要。

3. 收银入账

前厅部除必须在客人预订客房时（记入定金或预付款），或在客人办理入住登记手续时建立正确的客账之外，还应及时、准确地将客人的各项费用（如康乐费用、房费、餐费、长途电话费、洗衣费等）入账。处理客人账目的前厅收银员，每天负责核算和整理各营业部门收银员送来的客人消费账单，为离店客人办理结账收款事宜，确保酒店的经济利益；同时编制各种会计报表，以便及时反映酒店的营业活动状况。收银处的隶属关系，因酒店而异，从业务性质来说，它一般直接归属于酒店财务部，但由于它处在接待客人的第二线岗位，在其他方面又需接受前厅部的管理。

4. 提供前厅系列服务

前厅部作为对客服务的集中点，除了开展预订和接待业务，销售客房商品，协调各部门对客服务外，本身也担负着大量的直接为客人提供系列服务的工作。如行李服务、问讯服务、商务中心服务、电话总机服务、委托代办服务等。由于前厅部的特殊地位，使得这些服务工作的质量、效率显得非常重要。提供相关服务，前厅部必须向客人提供优质的订房、登记、邮件、问讯、电话、行李、委托代办、换房、退房、房卡制作等各项服务。

5. 建立客史档案

前厅部作为酒店的信息传递中心，要及时准确地将各种有关信息加以处理，向酒店的管理机构报告，作为酒店经营决策的参考依据。同时应随时保留完整、准确的接待资料，并对各项资料进行记录、统计、分析、预测、整理和存档。

大部分酒店为住店一次以上的零星散客建立客史档案，按客人姓名字母顺序排列的客史档案，前厅部还要建立住店客人(尤其是重要客人、常客、长住客)的资料档案，记录客人在店逗留期间的主要情况和数据，掌握客人动态。对客史资料及市场调研与预测等信息收存归类，并定期进行统计分析，便形成了以前厅为中心的收集、处理、传递及储存信息的系统，这些资料是酒店提供有针对性的服务、研究市场营销的主要依据。通过已掌握的大量信息不断地改进酒店的服务工作，提高酒店的科学管理水平。

1.2 前厅部组织结构与岗位职责

总的来说，前厅部组织结构的设置应既能保证前厅运作的质量和效率，又能方便客人，满足客人的需求。

1.2.1 前厅部组织结构模式

在前厅部组织结构的具体设置方面，各酒店不尽相同。目前，在我国，因酒店规模的不同，前厅部大致有以下几种模式。

(1) 酒店设客房事务部或称房务部，下设前厅、客房、洗衣和公共卫生四个部门，统一管理预订、接待、住店过程中的一切住宿业务，实行系统管理。其下设的前厅部内通常设有部门经理、主管、领班和服务员四个管理层次，这种模式一般为大型酒店所采用，具体如图1.1所示。

(2) 前厅部是与客房部并列的独立部门，直接向酒店总经理负责。在前厅部内设有部门经理、领班，服务员三个管理层次。中型酒店和一些小型酒店一般采用这种模式，具体如图1.2所示。

第 1 章　走进酒店前厅部

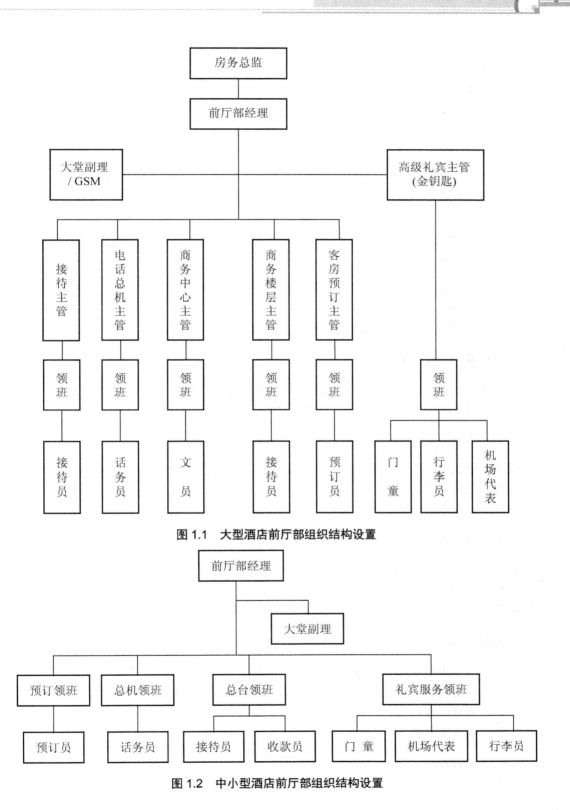

图 1.1　大型酒店前厅部组织结构设置

图 1.2　中小型酒店前厅部组织结构设置

(3) 前厅不单独设立部门，其功能由总服务台来承担，总服务台作为一个班组归属于客房部，只设领班 (主管)和总台服务员两个管理层次。过去，小型酒店一般采用这种模式。随着市场竞争的加剧，许多小型酒店也增设了前厅部，扩大了业务范围，以强化前厅的推销和"枢纽"功能，发挥前厅的参谋作用，具体如图1.3 所示。

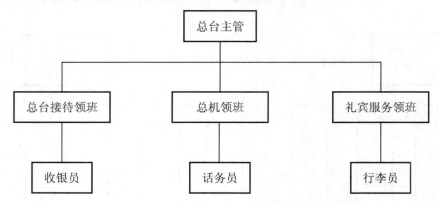

图1.3　小型酒店前厅部组织结构设置

1.2.2　前厅部各主要机构简介

前厅部的工作任务，是通过其内部各机构分工协作共同完成的。如前所述，酒店规模不同，前厅部业务分工也不同，但一般设有以下机构。

1. 预订处(Reservation Desk)

接受、确认和调整来自各个渠道的房间预订，办理订房手续；制作预订报表，对预订进行计划、安排和管理；掌握并控制客房出租状况；负责联络客源单位；定期进行房间销售预测并向上级提供预订分析报告。

2. 接待处(Reception Desk)

负责接待抵店入住的客人，包括团体、散客、长住客、非预期到店以及无预订客人；办理宾客住店手续，分配房间；与预订处、客房部保持联系，及时掌握客房出租变化，准确显示房态；制作客房销售情况报表，掌握住房客人动态及信息资料等。

3. 收银处(Cashier's Desk)

负责酒店客人所有消费的收款业务，包括客房、餐厅、酒吧、长途电话等各项服务费用；同酒店一切有宾客消费的部门的收银员和服务员联系，催收核实账单；及时催收长住客人或公司超过结账日期、长期拖欠的账款；夜间统计当日营业收益，制作报表；提供外币兑换和零钱兑换服务。

4. 礼宾部(Concierge)

有的酒店也称为"行李部"，该部门主要负责在店口或机场、车站、码头迎送宾客；

调度门前车辆,维持门前秩序;代客卸送行李,陪客进房,介绍客房设备与服务,并为客人提供行李寄存和托运服务;分送客人邮件、报纸、转送留言、物品;代办客人委托的各项事宜;某些高星级酒店还提供"金钥匙"服务。礼宾部的工种有门童、行李员、机场代表等。

5. 电话总机(General Switch Board)

负责接转酒店内外电话,承办长途电话,回答客人的电话询问;提供电话找人、留言服务;叫醒服务;播放背景音乐;充当酒店出现紧急情况时的指挥中心。

6. 商务中心(Business Centre)

提供信息及秘书服务,如收发传真、复印、打字及电脑文字处理、翻译、小型会议室出租、代办邮件、快递、各类交通票务等。

7. 客务关系部/大堂副理(Guest Relations Department / Assistant Manager)

现在,不少高档酒店在前厅部设有客务关系部门,其主要职责是代表总经理负责前厅服务协调、贵宾接待、投诉处理等服务工作。在不设客务关系部的酒店,这些职责则由大堂副理(简称大副或 AM)负责,大堂副理还负责大堂环境、大堂秩序的维护等事务。某些国际品牌酒店,如豪生(Howard Johnson)、喜来登(Sheraton)等,大堂副理这个岗位则称之为 GSM(Guest Service Manager 宾客服务经理),负责处理比大堂副理更为烦琐而细致的对客关系,且为走动巡察式工作方式。这两家酒店一般还有一个较低一级的岗位 GRO(Guest Relationship Officer 宾客关系主任),工作职责相似。

1.2.3 前厅部主要管理岗位职责

1. 前厅部经理

前厅部经理是前厅运转的指挥者,全面负责前厅部的经营管理工作,其主要职责有以下几方面。

(1) 向酒店总经理或房务总监负责,贯彻执行所下达的指令。提供有关信息,协助领导决策。

(2) 根据酒店的年度计划,制订前厅部的各项业务指标、规划和预算,并确保各项计划任务的完成。

(3) 每天审阅有关报表,掌握客房的预订、销售情况,并直接参与预订管理及客源预测等项工作,使客房销售达到最佳状态。

(4) 经常巡视检查总台及各服务岗位,确保各部位高效运行、规范服务和保持大堂卫生与秩序处于良好状态。

(5) 督导下属员工(特别是主管或领班)的工作,负责前厅部员工的挑选、培训、评估、调动及提升等事宜。

(6) 协调、联络其他部门、进行良好的沟通;保证前厅部各项工作顺利进行。

(7) 掌握每天客人的抵离数量及类别，免责迎送重要客人(VIP)并安排其住宿。亲自指挥大型活动、重要团队与客人的接待工作。

(8) 批阅大堂副理处理投诉的记录和工作建设，亲自处理重要客人投诉和疑难问题。

(9) 与酒店销售部门合作，保持与客源单位的经常联系。

(10) 负责本部门的安全、消防工作。

2. 大堂副理/GSM(宾客服务经理)

"大堂副理/GSM"也称前厅值班经理，其工作岗位设在前厅，直属前厅部经理领导，(也有不少大型酒店直属驻店总经理)。在不设客务关系部的酒店，大堂副理或 GSM 负责协调酒店对客服务，维护酒店应有的水准，代表酒店经理全权处理宾客投诉、宾客生命安全及财产安全等复杂事项角色，其主要职责是有以下几个方面。

(1) 协助前厅部经理，对与大堂有关的各种事宜进行管理，并协调与大堂有关的各部门工作。

(2) 代表总经理接待团队和 VIP 等宾客，筹办重要活动、重要会议。

(3) 接受宾客投诉，与相关部门合作，沟通解决，并尽可能地采取措施，保证客人投诉逐步减少。

(4) 负责维护前厅环境、前厅秩序，确保前厅整洁、卫生、美观，舒适，并始终保持前厅对客服务良好的纪律与秩序。

(5) 每天有计划拜访常客和 VIP 客人，沟通感情，征求意见，掌握服务动态，保证服务规格。

(6) 代表酒店维护、照顾住店宾客利益，在宾客利益受到损害时，与有关部门以及酒店外有关单位联系，解决问题。

(7) 处理各种突发事件，如停电、火警、财产遗失、偷盗或损坏、客人逃账、伤病或死亡等。

(8) 定期向前厅部经理和酒店总经理提供工作报告。

3. 前台主管

前台主管具体负责组织酒店客房产品的销售和接待服务工作，保证下属各班组与酒店其他部门之间的衔接和协调，以提供优质服务，提高客房销售效率。主要工作职责有以下几方面。

(1) 向前厅部经理负责，对接待处进行管理。

(2) 制订接待处年度工作计划，报有关部门审批。

(3) 协助制定接待处的岗位责任制、操作规程和其他各项规章制度，并监督执行。

(4) 阅读有关报表，了解当日房态、当日预订情况、VIP 情况、店内重大活动等事宜，亲自参与 VIP 等重大活动的排房和接待工作。

(5) 做好下属的思想工作，帮助下属解决工作与生活中的难题，调动员工的工作积极性。

(6) 对下属员工进行有效的培训和考核，提高其业务水平和素质。

(7) 负责前台的设备养护，确保设备的正常运转。
(8) 协调与销售客房和接待工作相关的班组和部门之间的关系。
(9) 负责前台的安全、消防工作。

4. 礼宾主管

礼宾主管具体负责指挥和督导下属员工，为客人提供高质量、高效率的迎送宾客服务、行李运送服务和其他相应服务，确保本组工作正常运转。主要工作职责包括以下几方面。

(1) 向前厅部经理负责，对礼宾部进行管理。
(2) 制订礼宾部年度工作计划，报部门审批。
(3) 协助制定礼宾部的岗位责任制、操作规程和其他各项规章制度，并监督执行。
(4) 阅读有关报表，了解当日离店的客人数量、旅行团队数、VIP、酒店内重大活动及接、送机情况，亲自参与 VIP 等大型活动的迎送及相应服务。
(5) 做好下属的思想工作，调动员工的工作积极性。
(6) 对下属员工进行有效的培训和考核，提高其业务水平和素质。

案例分析1.1

一天早晨9点时，某饭店大堂黄副理接到住在8818房间的客人的投诉电话："你们饭店怎么搞的，我要求叫醒服务，可到了时间，你们却不叫醒我，误了我乘飞机……"，不等黄副理回答，对方就"啪嗒"一声挂了电话，听得出，客人非常气愤。

黄副理意识到这个投诉问题很严重，于是查询了当日8818房的叫醒记录，记录上确有早晨6点半叫醒服务要求，根据叫醒仪器记录和总机接线员回忆，6点半时确为8818房客人提供过叫醒服务，当时客人也曾应答过，黄副理弄清楚情况后断定，责任不在酒店。但黄副理仍主动与8818房客人联系。"孔先生，您好！我是大堂副理，首先对您误乘飞机的急切心情表示理解。"接着，黄副理把了解到的情况向客人作了解释。但客人仍怒气冲冲地说："你们酒店总是有责任的，为什么不反复叫上几次呢？你们应当赔偿我的损失！""孔先生，请您息怒，现在我们暂时不追究是谁的责任，当务之急是想办法把你送到要去的地方，请告诉我，您去哪儿，最迟必须什么时候到达。"黄副理的真诚使客人冷静下来，告诉他明天早晨要参加B市的一个商贸洽谈会，所以今天一定要赶到B市。

黄副理得知情况后，马上请饭店代售机票处更改下午去B市的机票，而代售说下午到B市的机票已售完。黄副理又打电话托他在机场工作的朋友，请务必想办法更改一张下午去B市的机票，后来又派专车去机场更改机票。孔先生接到更改的机票后，才坦诚自己今晨确实是接过叫醒电话，但应答后又睡着了，责任在自己，对黄副理表示歉意。

【问题】
1. 根据你的理解，谈谈对大堂副理这个职位的认识。
2. 作为一名大堂副理，经常会遇到客人的投诉，请对案例中黄副理对客人投诉的处理做出评价，并讨论应对客人投诉时，如何能够做到既维护客人利益，又不损害饭店利益？

【分析】第一，本案例的责任显然不在饭店，而客人又将责任推给饭店，大堂黄副理在接受投诉时并未与客人争论是非，而是站在客人立场上，设法帮助客人解决首要问题。饭店有一个原则："客人永远是对的"。本案例中黄副理严格遵循这一原则，有理也要让客人，同时也表现了黄副理的服务意识强，如"当务之急是想办法把您送到目的地"、"打电话帮助更改机票"等。

第二，当客人无理要求赔偿时，黄副理没有与客人理论是否该赔偿(这个要求是不合理的)，只是很真诚地请客人告诉他所要去的地方。以解决最需要解决的问题。体现黄副理处理投诉时的冷静、理智及大度大气。

第三，黄副理处理投诉的效率高，如接到投诉电话后，马上调查了解，得知真实情况后，又主动与客人联系，处理问题果断、利索、灵活、整个过程思路清晰，环环相扣，最后问题得到解决，客人也很满意，也为黄副理的真诚而打动，因而主动承认了自己的过错。

本案例在处理客人的投诉中，黄副理面对脾气大，将责任转嫁给饭店的孔先生，黄副理不予争辩，并采取相应的补救措施来挽回客人的损失，在维护饭店利益的同时又没有损害客人的利益，体现了黄副理处理投诉的冷静、理智与技巧，具有很强的职业道德。

资料来源：职业餐饮网 www.canyin168.com

1.3　前厅布局与环境

1.3.1　前厅的分区布局

前厅是酒店的中心，是酒店中集交通、服务、休息等多种功能于一体的共享空间。所以按功能划分，可将前厅分为正门及人流线路、服务区、休息区和公共卫生间等主要区域。

1. 正门入口处及人流线路

正门入口处(如图1.4所示)是人来车往的重要"交通枢纽"，其基本功能是要保证酒店进出的交通畅达，客人下车时避风遮雨。厅门外有车道和雨搭，正门前台阶旁还应设有专供残疾客人轮椅出入的坡道，以方便残疾客人入店。大门有玻璃拉门、转门或自动门。大门以双层为佳，以保持前厅空调温度的稳定，节约能源，并可减少尘土刮入，保持大厅清洁。

图1.4　酒店正门入口处

图片来源：香格里拉酒店集团网站　www.shangri-la.com/cn/findahotel

从入口到酒店内各个目的地，便形成了人流线路。各条人流线路要经过装修或铺设条形地毯，加上适当的装点，以形成明确的人流走向，使具有动感的走线与相对平静的休息区和服务区互不影响。

2. 服务区

前厅的对客服务区主(如图 1.5 所示)要包括总服务台、大堂副理处和行李处等。

图 1.5　前厅服务区

图片来源：香格里拉酒店集团网站　www.shangri-la.com/cn/findahotel

总服务台(简称总台)应设在大堂中醒目的位置。总服务台的功能很多，其中接待、问讯、收银三部分是总台的主体，其他如车 (船、机)票预订、出租车、旅行社；邮电、外币兑换等服务，有的酒店设在总台内，也有的酒店则在总台附近另设柜台。以团体客为主要客源的酒店，在总台外另设团体接待处。

小资料

总服务台的柜台和台内面积视酒店的规模、等级而定。如国际喜来登集团的服务台指标是：每 200 间客房，柜台长 8 米，台内面积 23 平方米；每 400 间客房，柜台长 10 米，台内面积 31 平方米；每 600 间客房，柜台长 15 米，台内面积 45 平方米。

总服务台的外观形状与整个大堂的建筑密切相关，较常见的是直线形、半圆形和 L 形等几种形状。在材料选择上，为了经久耐用、易于清洗和显示出高雅脱俗，主要采用大理石、磨光花岗石和硬木等。在布置上，各种标牌，以及国际时钟、日历、天气预报牌和外币汇率牌等的外观选择与设计上也应注意与整个大堂和谐一致。

大堂副理的办公地点，应设在离总台或大门不远的某一视野开阔的安静之处。通常放置一办公桌，放一两张座椅，供办公和接待客人。

行李处一般设在大门内侧,使行李员可尽早看到汽车驶进通道,及时上前迎接。柜台后设行李房。小型酒店行李处不单设,与总台合一。

另外,前厅部办公室、总机室、财务部等机构,与前厅接待服务密切相关,但又不必直接与客人打交道,一般应设在总台后面联络方便但较为隐秘之处。

3. 休息区

大厅休息区(如图1.6所示)是宾客来往酒店时等候、休息或约见亲友的场所,它要求相对安静和不受干扰。休息区的主要家具是供客人休息的沙发座椅和配套茶几。沙发可根据需要围成几组方形,如大厅有柱子,也可围着大厅柱子设置,在人流进出频繁、充满动感的大厅空间中,构筑一个宁静舒适的小环境。

图1.6　大厅休息区

图片来源:香格里拉酒店集团网站　www.shangri-la.com/cn/findahotel

4. 公共卫生间

酒店大厅或附近通常都设有供男女客人使用的公共卫生间(如图1.7所示)。公共卫生间的设施主要有便器和洗脸盆,还要有烘手器、手纸、面巾纸、小毛巾、香皂等器具和用品。公共卫生间要宽敞干净、设施要完好、用品要齐全。

从一定意义上讲,公共卫生间可以反映出酒店的档次和服务水准,是酒店的"名片"。所以,公共卫生间的装饰材料选择与大堂其他部分在规格和质地上要相一致,如现代酒店的大堂一般用大理石装修,其公共卫生间也应取同样材料装修。大堂有众多的进出人流,要考虑公共卫生间的位置,既方便客人又能避开外人的直视,标志要明显。

图 1.7　酒店大厅的公共卫生间

图片来源：中国室内设计师网　dr.eju.cn

1.3.2　前厅的装饰美化

前厅作为整个酒店的中心，其环境、氛围是非常重要的。前厅必须要有热情迎接客人的气氛，使客人一进大堂就有一种"宾至如归"、享受高级消费、受人尊重的感觉，从而留下美好的第一印象。同时还要为前厅服务人员创造一种愉快的工作环境，以便前厅的对客服务工作更加有效。为了创造良好的氛围和环境，除了人的素质外，还必须重视前厅的装饰美化。前厅是现代酒店建筑中必须进行重点装饰美化的空间。要精心设计，努力把满足功能要求与创造环境、氛围的艺术效果结合起来，把体现民族风格、地方特色与适应国际环境艺术新潮流结合起来，并与大自然紧密联系，与酒店规模、目标市场相适应，与酒店整体建筑相和谐，从而形成本酒店自己的格调、气势和氛围，这是现代酒店对客人产生形象吸引力，提高竞争能力的一种独特的资本。

1. 空间

前厅必须要有与酒店的规模和等级相适应的大堂空间，才能给客人和工作人员提供一个宽松的活动场所和工作环境。我国有的酒店管理集团规定，其属下酒店必须具备与客房数相适应的大堂，酒店的大堂面积至少不少于客房数×0.4 平方米，若是高档豪华型酒店的大堂面积则不少于客房数×0.8 平方米。

前厅空间内的各功能区域布局总体要合理协调，客人活动区域与员工活动和酒店内部机构区域要分开，彼此互不干扰。天花板、门窗、墙面、地面装修材料与设施设备质量要同酒店的等级标准相适应。接待环境美观大方，厅内气氛和谐舒适、对客服务方便安全。

2. 灯光与色彩

为追求热烈的气氛，大厅一般采用高强度的华丽吊灯。客人休息处设有便于阅读和交谈的立灯或台灯，灯光略暗，形成舒适、安静和优雅的格调。而对总服务台的工作人员则要使用照明度偏高的灯光，创造一种适宜的工作环境。各种光色都应和谐、柔和而没有炫眼的感觉。灯具除用以照明外，其本身就是一种装饰品，所以大厅内的各种灯具必须相配，同时其造型应与大厅内的建筑风格互相呼应。

酒店前厅装饰美化中色彩的运用主要体现在两个方面：一是色调的确定，二是色彩的搭配。人们一进入酒店，第一印象是大厅的色调、气氛如何。因此，首先必须确定大厅的主色调，作为大厅环境色彩的主旋律，它决定着大厅环境的气氛和情调。为了给客人一种欢乐、热情、美观、大方、优雅的气氛，激发前厅工作人员的工作热情，前厅的色彩一般以红色或其他暖色调为主，同时大胆使用陪衬色调，形成色彩对比，创造出和谐的整体效果。

知识链接

色彩是美化环境的最基本构成要素之一。色彩经人的心理和生理反应会产生不同的感觉。色彩具有感情象征。例如，红色有迫近感、扩张感、使人兴奋，可以造成热情、温暖、喜庆的气氛；黄色给人以明朗、欢乐、华贵的感觉；而绿色则意味着自然和生长，使人平静而稳定等。

3. 绿化

人们本能地喜爱自己赖以生存的自然界。现代酒店设计中应尽可能在大厅内存置绿化，尤其是大城市中心的现代酒店，周围不一定有优美的花园风景，更加需要在大厅内设计花卉、树木、山石、流水等景观，使厅内洒满阳光，绿荫丛丛，流水潺潺，一派生机，给人以亲切、舒适的自然美感。绿化还有调节大厅气温、湿度、减少噪音、净化空气的作用、还可以消除人们由于长时间室内活动而产生的疲劳。

4. 酒店公共设施标识

大厅是客人进入酒店的首个室内区域，也是人流量较为集中的区域，为方便不同文化层次和不同语言背景的客人，能知道酒店各个公共设施的位置，酒店通常会在大厅区域放置酒店设施图形标识，如图1.8所示。

图1.8 服务设施标识

可直接饮用水

残疾人设施

高尔夫球场

西餐厅

咖啡厅

行李寄存处

外币兑换处

SPA按摩区

图 1.8　服务设施标识(续)

1.3.3　前厅微小气候与定量卫生

为保持前厅舒适的环境和气氛，还要便于温度、湿度、通风、噪音控制、自然采光照度及空气卫生状态正常。现代酒店需要建立前厅等公共场所环境质量标准体系，运用科技的手段，通过定量监测与控制，确保前厅环境的质量水平。

1. 温度、湿度与通风

前厅适宜温度为22℃~24℃。现代酒店普遍使用了冷气装置或中央空调,使温度得以有效控制。

湿度是与温度密切相关的环境条件,适宜的相对湿度应控制在 40%~60%的范围内。湿度越大,人们的烦躁感越大,客人和员工都会感到不快,容易产生摩擦和发生事故。

通风是为了保持室内空气新鲜。新鲜空气中约含有 21%的氧气,如果室内氧气含量降低到 14%,就会给人体带来危害。前厅内新风量一般不低于 200m^3/人·小时。

2. 环境噪声控制

凡是妨碍人们正常休息、学习和工作的声音,以及对人们要听的声音产生干扰的声音,均为噪声。噪声对环境是一种污染,影响人们休息,降低工作效率。酒店的前厅客人来往频繁,谈笑不断,为了创造良好的环境和气氛,必须采取措施,防止噪声。前厅内的噪声一般不得超过 50 分贝。为有效地控制噪音,前厅的天花板、墙面需使用隔音及吸音性材料;前厅内设施设备的选用和装饰美化 (如瀑布、喷泉等)的设置,都应注意防止噪声;对团队、会议等大批客人要尽快安置,尽快把人群从前厅疏散;员工要养成轻声说话的习惯,前厅内绝对禁止大声喧哗。另外,播放背景音乐也是防止噪声及工作单调感的有效措施。悦耳的、分贝值低的背景音乐可以掩盖嘈杂的、分贝值较高的噪声,从而降低噪声所带来的不良影响,稳定人们的情绪,又可减少员工因重复性的单调工作而带来的疲劳感。背景音乐要保持在令人轻松愉快的程度,不影响宁静宜人的气氛,一般以 5~7 分贝为宜。

3. 空气卫生

前厅内的空气中含有一氧化碳、二氧化碳、可吸收颗粒、细菌等空气污染物,有害人体健康,必须予以控制。前厅内空气卫生质量的标准为:

(1) 一氧化碳含量不超过 5mg/m^3,二氧化碳含量不超过 0.1%;

(2) 可吸收颗粒均不超过 0.1mg/m^3,细菌总数不超过 3000 个/m^3。

1.3.4 前厅主要设备

1. 酒店管理系统软件

酒店管理系统软件是前台乃至整个酒店房务运营的中枢系统,国内品牌的星级酒店和经济型酒店大多采用中文版酒店管理系统软件——西湖软件(简称西软),国际著名的品牌酒店集团大多数采用英文版酒店管理系统软件——Opera 系统,如图 1.9。

2. 制卡机

随着科学技术的不断变化发展,酒店的房卡(钥匙卡)材质也越来越先进,先后经历了普通钥匙、磁片机械卡、电子磁卡、芯片卡、射频卡等阶段。目前大多数饭店使用的是

第 1 章　走进酒店前厅部

较为先进的射频卡，也就是接触式感应卡。制卡机是指制作房卡的设备(射频卡制卡机如图 1.10 所示)，该设备连接电脑中的制卡软件。房卡的制作和使用程序如图 1.11 所示。

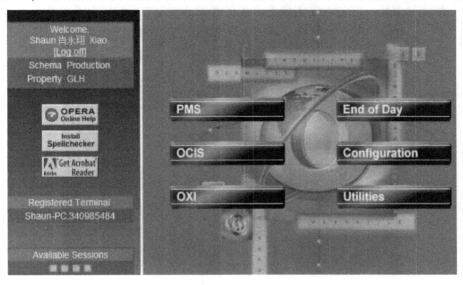

图 1.9　Opera 酒店管理系统软件主界面

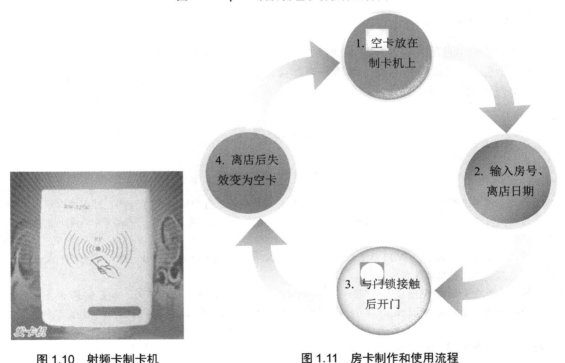

图 1.10　射频卡制卡机　　　　图 1.11　房卡制作和使用流程

3. 身份证阅读器

二代身份证阅读器(如图 1.12 所示)是按照公安部要求，每个酒店前台必须安装的查验入住客人身份信息的设备。该设备与电脑中的身份信息录入软件相连，并与公安部的全国身份信息系统联网。客人入住时酒店将按照"一人一证"的原则，向公安部上传客人的身份信息，并录入房号，这些入住信息将永久保留在公安部的全国联网系统内。

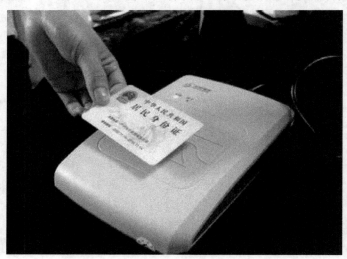

图 1.12　身份证阅读器

4. WiFi(无线网络)

为方便客人能在大厅区域流畅地接收网络信号，利用智能手机和笔记本电脑等电子产品进行商务、通信或娱乐活动，酒店一般都会在大厅区域提供免费的 WiFi，并在显著位置标出 WiFi 的账号和密码。

知识链接

公共场合的 WiFi 陷阱

第一，谨慎使用公共场合的 WiFi 热点。官方机构提供的而且有验证机制的 WiFi，可以找工作人员确认后连接使用。其他可以直接连接且不需要验证或密码的公共 WiFi 风险较高，背后有可能是钓鱼陷阱，尽量不使用。

第二，使用公共场合的 WiFi 热点时，尽量不要进行网络购物和网银的操作，避免重要的个人敏感信息遭到泄露，甚至被黑客银行转账。

第三，养成良好的 WiFi 使用习惯。手机会把使用过的 WiFi 热点都记录下来，如果 WiFi 开关处于打开状态，手机就会不断向周边进行搜寻，一旦遇到同名的热点就会自动进行连接，存在被钓鱼风险。

第四，家里路由器管理后台的登录账户、密码，不要使用默认的 admin，可改为字母加数字的高强度密码；设置的 WiFi 密码选择 WPA2 加密认证方式，相对复杂的密码可大大提高黑客破解的难度。

第五，不管在手机端还是电脑端都应安装安全软件。对于黑客常用的钓鱼网站等攻击手法，安全软件可以及时拦截提醒。

5. 自动擦鞋机

自动擦鞋机摆放于前厅角落位置或电梯旁，供客人免费擦拭皮鞋使用，如图1.13所示。擦鞋机一般可同时提供棕色类皮鞋和黑色类皮鞋的除尘、上油和抛光处理。

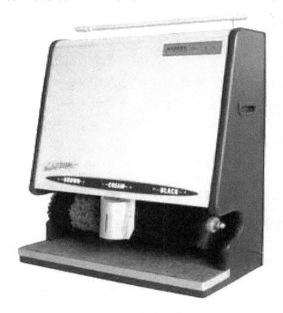

图1.13　自动擦鞋机

案例分析1.2

一天，一位客人楼层乘坐酒店观光电梯准备下到大堂。当电梯行至酒店行政办公楼层时，走进两位着酒店制服，正准备去参加每月生日会的员工。两位员工边聊边随手按了一下电梯按钮。但员工随即发现错按了五楼，而员工生日会通常在三楼或二楼举办。于是员工改按了三楼的按钮。当到达三楼，电梯门打开后，员工发现三楼好像没有来参加生日会的人，那生日会应该是在二楼举办，于是员工又按了二楼。员工的行为引起一同乘坐电梯的客人不快，当电梯到达大堂后，客人向大堂副理投诉，认为酒店员工不应该乘坐客用电梯，且员工乱按电梯完全不考虑客人的感受。

【分析】上述案例中，由于员工在乘坐客用电梯时，忽视客人的存在，不注意自己的行为规范和必要的电梯礼仪，以致引起客人的不快。为此，我们对使用客用电梯的事项和有关礼仪应加以注意和遵守，因为员工按错楼层，客人可以理解，但忽视或不礼貌对待客人，必定会引起客人不满：

1. 通常，酒店的客用电梯和员工电梯是分开使用的。一般规定，除部门副经理以上管理人员外，一般员工在非工作需要(如没有陪同客人)时是不能使用客用电梯的。
2. 因工作需要使用电梯时，应礼貌向电梯内的客人问好，并按住电梯按钮，让客人先进、先出电梯。
3. 当电梯内客人较多时，应等候下一部电梯，而不能和客人争抢电梯。

资料来源：职业餐饮网　www.canyin168.com

1.4　前厅部服务特点与对客服务流程

1.4.1　前厅部服务的特点

1. 前厅服务的时间性很强

首先，前厅部各岗位的工作多数要求在短时间内完成，要求有高效率；其次，在前厅，同样的服务、微笑、语言和态度提供的太早、太快或太晚、太慢都有可能立即变成一般服务或劣质服务。前厅部各工种每一次对客服务的过程通常较短，一般不会超过几分钟，有时仅仅是与宾客通一次电话、打一个照面、展一次微笑、说一句问候语而已。因此，前厅服务员要敢于表现自己，善于表现自己，能在短时间内给他人留下非常好的第一印象。

2. 信息量大、变化快，要求高效运转

前厅部是饭店信息集散的枢纽及对客服务的协调中心，因此，其收集、整理、传递信息的效率决定了对客服务的效果。由于前厅属于一线服务部门，与客人的接触较多，因而其收集的信息量也相对较大。客人的要求每时每刻都会发生变化，这就要求前厅在信息处理上效率要高。另外，前厅所掌握的一些重要信息，如当日抵、离的 VIP 客人、营业日报、客情预测等都必须及时传递给总经理室及其他有关部门。前厅部的这一特点，决定了前厅部的员工必须具备信息观念、时间观念和价值观念，重视信息的收集、整理和传递工作，以提高工作效率和服务质量。

3. 前厅工作内容庞杂

前厅部的业务包括预订、接待、问讯、行李、迎宾、接机、总机话务、票务、传真、复印、打字、收银结账、客史管理、贵重物品保管和委托代办等。业务专业性强，涉及范围广，与客人接触多，需求随机性强，信息量大而且变化快。因而要求管理人员必须要有较全面的业务知识，较强的沟通协调能力、应变能力和服务的技能技巧。

4. 前厅服务的方式较灵活

前厅服务的对象是不同国家或地区的宾客，在宗教信仰、教育背景等方面都不尽相同。不同宾客对同样服务的评价会有很大差别，同一位宾客在不同的时间或不同的情绪、动机及心理状态下对同样的服务评价也会有很大的区别，这就要求每一位前厅服务员因时、因地、因人准确地预测宾客的需求，提供有针对性的个性化服务。

5. 专业要求高

随着时代的进步，现代科技不断引入到各行各业的管理中，酒店前厅也大都实行了电脑管理，员工必须经过专业培训才能上岗操作，另外，在帮助宾客克服困难，回答其提出

的问题时，也需要员工具备相应的能力与业务知识背景，这就对员工的素质、专业技术水平、业务水平提出了较高的要求。同时，由于前厅部的管理效果直接关系到饭店的声誉和经营成败，所以又要求前厅部在管理上要着重员工的服务态度、文化素养和业务技能的培训，以求与客人建立起良好的关系，给客人以良好的印象。

1.4.2 前厅部对客服务流程

前厅部为客人服务的全部过程是一个完整的、循环的过程，传统的认识是将对客服务划分为客人抵店—住店—离店三个阶段。然而在客人实际到达酒店之前，许多有关客房销售的事务已经发生，因此，更为确切的认识是：为客人服务全过程应开始于潜在客人与酒店的第一次接触，直至办理离店结账手续，并建立客史档案，为下次与客人接触做好充分准备为止。为此，可以将对客服务的全过程划分为客人抵店前的准备工作阶段、客人到达酒店的接待服务阶段、客人住店期间服务阶段、客人离店服务阶段和客人离店后服务阶段这五个阶段，由此构成相互衔接的服务流程。

1. 客人抵店前的准备工作阶段(售前阶段)

前厅部在本阶段的主要工作任务为以下两点。

1) 客源分类

一般可将客源划分为两大类，即已经办理客房预订手续的客人和未办理预订而直接抵店的客人。有预订要求的客人提前将住宿的需求以多种方式与酒店预订处联系，订房员则按工作程序要求接受预订业务。客人的预订资料能使前厅部的预测、调整及组织等方面工作获得更准确的依据。同时，对已办理预订的客人，前厅部可以按客人要求在抵店前预留客房，并做好客人抵店前的各项准备工作。对于未办理预订手续而直接抵店的客人，由于无法提前知道客人的具体要求，只能根据当时酒店的营业状况进行接待，并提供相应接待服务。

2) 接待准备

根据客人预订资料中关于抵离店日期、特殊要求等有关内容，预订处要适时做出安排车辆和机场代表或者行李员去机场、车站接客人，以及事先排房、准备礼品、提前通知相关部门或者领导等工作，使准备工作周到、细致，并为下一阶段的服务奠定良好的基础。

接待准备工作具体包括以下内容。

(1) 酒店营销人员进行市场分析并选定目标市场(这项工作应由酒店最高决策层进行决策)。

(2) 酒店公关人员确定酒店形象、宣传口号及营销方针。

(3) 通过各种广告宣传媒介推出酒店形象及产品。

(4) 由酒店选定的代理商推销酒店产品。

(5) 客人直接向酒店预订处或者接待处订房。

(6) 客人在订房过程中，可能与酒店前厅部下属的电话总机、商务中心联系。

(7) 预订处办理好通过各种渠道来订房的客人的订房手续，并保存好订房资料。

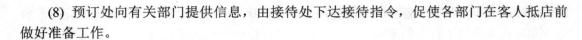

(8) 预订处向有关部门提供信息，由接待处下达接待指令，促使各部门在客人抵店前做好准备工作。

2. 客人到店接待服务阶段(消费开始阶段)

无论是对已办理预订手续的客人，还是对未办理预订手续而直接抵店的客人，都要依照公安部颁布的《旅馆业治安管理办法》的有关规定办理入住登记手续。由于前厅部已经掌握办理了预订手续的客人的个人资料，因而可以提前打印或者填写入住登记表，使客人在到店时经前厅接待员查明身份后，立即安排客人入住，缩短了在前台滞留等待的时间。对未办理预订手续直接抵店的客人，接待员在定价、排房过程中，应进一步了解清楚客人对所需房间的类型、位置、朝向等方面的需求，把握住面对面进行推销的机会。因而未经预订的客人则需要相对较长的时间办理入住等级、缴纳预付款等手续。在客人办理完入住登记手续，得到客房钥匙和支配使用客房的权利后，即表明客人住店期间服务阶段正式开始了。与此同时，客人在店账户也随之建立起来。本阶段前厅部的主要工作任务有到店迎候、行李服务、确认预订、入住登记、定价排房、确定付款方式、建立客账、传递信息等。

3. 客人住店期间服务阶段(消费进行阶段)

酒店财务部门向经过信用调查并认可的客人提供统一结账服务。酒店内各营业点收银员，将客人的消费情况准确输入至电脑，对于大多数酒店的计算机系统而言，房号即账号，同时及时将账单汇集在总台收银处，按房间号、类别、日期等顺序累计并收存在账单夹里，以备日审、夜审、结算和客人对账时随时使用。

客人住店期间，其身份、目的、居住期限、业务往来、支付能力、心理状态、喜好禁忌等千差万别，酒店本身的设施设备和服务质量及管理水平，以及社会、经济、政治等因素，都会对酒店经营产生种种意想不到的影响或冲击。因此，做好客人住店期间服务阶段的各项服务工作，充分满足客人的个性需求，其重要意义显得尤为明显和突出，是对客服务全过程中的"重中之重"。

本阶段前厅部的主要工作任务内容有以下几方面。
(1) 接待员负责处理客人换房、核对房态等服务。
(2) 总机为客人提供各种电话服务。
(3) 提供各种委托代办服务。
(4) 总台收银员为客人提供贵重物品寄存、累计客账、账目查询、外币兑换等服务，以及完成催收应收款等工作。
(5) 为客人办理提前离店、延期续住等手续。
(6) 接待处负责协调各部门的对客服务过程。
(7) 商务中心为客人提供各项商务服务。

4. 客人离店服务阶段(消费结束阶段)

1) 办理结账离店手续

客人在办理离店手续时，总台收银员按照账户设定、付款方式、预付款存额等情况，经核实后打印账单,并请客人过目查看,确定无误后再予以收款。

2) 主动征求客人意见

前厅服务员在客人即将离店之时,主动、诚恳地征求客人意见,并请客人对服务的不足之处予以谅解,同时感谢客人光临本酒店。这是进行二次推销、培养忠诚顾客的好机会。

3) 将客人离店信息通知酒店相关部门

当客人离店时,需要将离店信息通知到如客房、总机等部门(若有联网的酒店管理软件系统则不需人工通知),以便这些部门做好查房、打扫、结账等工作,并安排好新的接待工作。

4) 大堂副理处理客人的各种投诉

客人在酒店消费的各个阶段都有可能投诉,但是,"客人离店时"这个阶段是投诉高发期,因为客人是在这个时候结账付款的,也是在这个时候和酒店工作人员有正式的接触交谈机会的。

5) 送客离店

根据客人离店时间和去处,主动了解客人要求,及时安排行李员,优先照顾老、弱、病、残、孕、儿童等特殊顾客。在店门、车门前送别客人,最后祝愿客人旅途愉快,并欢迎客人下次光临。

6) 完成对营业收入的夜审工作

夜审员是指在夜间进行核算工作或从事夜间核算工作的人员。夜间审核的工作对象是各收银点的收银员以及各营业部门交来的单据、报表等资料,其工作目的是要有效地审核由于客人消费而产生的收入,保证当天酒店收益的真实正确、合理和合法。夜审需具有发现错弊,查找根源的能力,以及一丝不苟的工作态度。

5. 客人离店后服务阶段(消费结束后)

本阶段前厅部的主要工作任务有以下几方面

1) 酒店驻外代表到机场、码头、车站等处送别客人

大中型酒店和离城区较远的酒店一般都有酒店自备的区间车开往机场、车站等地,一般的客人都可以乘车前往。对于酒店的一些重要客人,还需要酒店派驻外代表到机场、码头、车站为客人亲自送行。

2) 收回宾客意见调查表,汇总投诉及其他意见,分析整理后反馈到相关部门

工作中要能够知道客人的意见与建议,更好地向客人提供个性化服务,满足客人的个性化需求,服务的最高境界就是要做到使客人有"到家的感觉",这就需要我们尽可能地了解客人的喜好并加以记录,以保证个性化服务水平。对客服务工作中,很重要的一点就是要让客人有"宾至如归"的感觉,也就是通常所说的"亲情服务"。

3) 建立客史档案

建立客史档案是市场竞争的需要,是保持客户忠诚度的需要,也是满足客人个性化需求的需要。在激烈竞争的市场环境中,广大客户已经拥有了更多的选择空间和权力。因此,要想使客户继续保持对酒店的忠诚度,只有更好地了解客人的情况,开展相应的对客服务和销售工作,才能使酒店赢得更多的客户,获取更多利润。

4) 未尽事宜

客人离店时经常让总台服务人员在其离店后办理委托事项，例如寻找离店时的个人物品等。总台服务员应按照酒店委托代办服务规程要求及相关规定，快捷、妥善地予以处理，不使客人留下遗憾，为酒店赢得信誉。

5) 与客人保持密切的联系，必要时有针对性地主动促销

要能够经常联系客人、观察客人，对客人持续和历史的消费情况进行分析，充分挖掘客人的消费潜力，在有限的资源基础上提高销售额和销售利润。从客户的消费行为进行各方面分析，使客户流失、价值下降等情况能被及时发现，为管理者提供有利的决策依据。

案例分析 1.3

一日上午，某国跨国公司驻华办事处的 A 先生来到前台，前台接待员小刘接待了 A 先生。A 先生表示周日要到青岛会朋友，不回来住，但想将行李放在房间。小刘同意了 A 先生的要求并告诉他，外宿时可以将行李存礼宾处，我们将给他保留房间，等他周一回来时还可以住在相同的房间。月末，A 先生结账时，大怒，携翻译至大堂副理处投诉。A 先生："××日上午，我到前台，找她(指着小刘)说过此事。她答应我周日外出可以把行李放在房间，而且这天的房费是不收的。但我今天结账，却发现收了我那天的房费。"对方公司对此事很不满，认为酒店不讲信用，对酒店的服务产生质疑，要将公司在酒店的长住员工全部搬走。大堂副理就此事展开调查。原来是 A 先生理解有误，由于他认为酒店已经答应他行李可放在房间且不收当日房费，就开开心心地去玩了。而店方因房间内有行李，客人又是长住客，就很自然地加了一夜的房费。因为这次误会，致使酒店投入了大量的人力、物力、财力才拉回了这一重要客户，平息了风波。

【问题】小刘的工作失误在哪里？

【分析】酒店的宾客来自世界各地，必然存在语言上的障碍。所以，与类似的客人交流时，一定要弄清楚客人的意图，也一定要使客人明白我们所说的意思，这是提供良好服务的基础。如果无法直接与客人沟通，也可以通过其他方式，如请求会讲此门外语人员的支援，或通过营销部门与公司相关人员取得联系等。案例中的小刘，和客人之间产生误会，虽然觉得在与客人交谈中存在疑点，但没有进一步落实，从而引发的投诉。在工作当中，我们还应注意，长住客因房价较低，所以住房协议中常注明不允许中途退房。故有长住客住期未满，要求退房的，在不掌握住房协议的前提下，应先问询营销部门。

资料来源：职业餐饮网 www.canyin168.com

学 习 小 结

本章主要介绍了前厅部在酒店中的地位、前厅部的主要工作任务、前厅部组织结构模式，阐述了酒店前厅部各主要机构的工作任务、前厅的分区布局及装饰美化，以及前厅部对客服务的流程等。

【思考与实践】

1. 参观学校附近的一家中高档酒店的前厅，感受前厅部的工作气氛。

第 1 章　走进酒店前厅部

2. 前厅部在酒店中为什么会有如此重要的地位？
3. 作为一名大堂副理，有哪些工作职责并应如何正确解决客人的投诉？
4. 如果你是一名大堂副理，你还有什么较好的方法来处理客人的"无理"投诉？
5. 通过网络资料查找有关前厅的照片，分析其布局与环境。
6. 请设计一份前厅布局平面图，并介绍其功能分区。
7. 前厅部对客服务分为哪几个阶段？你认为哪个阶段最重要？
8. 前厅部服务有哪些特点？每个特点对员工的工作会有哪些相应的要求？

第2章 前厅部员工的素质要求和礼仪规范

>>>>> **本章概要**

- 前厅部员工的素质要求
- 前厅部员工的仪容规范
- 前厅部员工的仪表规范
- 前厅部员工的仪态规范
- 前厅部员工的对客交往礼仪

>>>>> **学习目标**

- 熟悉前厅部员工的素质要求
- 了解每一项员工素质要求的内涵
- 掌握前厅部员工的仪容规范
- 熟悉前厅部员工的仪表规范
- 熟悉前厅部员工的仪态规范
- 掌握前厅部员工的言谈、介绍、名片和握手礼仪

第2章　前厅部员工的素质要求和礼仪规范

案例导读

　　位于休闲疗养胜地某酒店，在盛夏的旅游旺季，正是集中接待各界朋友的繁忙时期。对于来自全国各地的客户们，酒店总经理根据客户与酒店业务关系的不同，分别给予不同的房价优惠。为便于前厅总台收银处准确结算，总经理将需要给予优惠的客户名单及具体打折幅度列了一个清单，交给了总台收银员，打折幅度从七折到九折不等。总台负责结账的收银员接到这个打折清单，依此结账。

　　这一天，一位先生要离店，来到总台结账。收银员查询了客人的登记资料，是属于总经理给予打折优惠的宾客，一看清单，总经理给他打了八五折。收银员告诉客人："酒店总经理关照给您的房价打八五折。"客人听后问道："我都是老客户了，每年都来，给打八折吧！"此时，收银员拿出总经理列出的打折清单，指着客人的名字说："您看，这是总经理给定的优惠情况。"客人接过清单一看，自己名下确实是打八五折，忙说："好，好，就这样吧。"但他一看其他人名下的打折数，不由地皱起了眉头，"都是你们的客户，怎么给别人打七折、八折，给我却打八五折？"这位收银员无言以对，亮清单亮出了麻烦，不知如何答复客人。客人生气地把清单摔给收银员，愤然离店而去。酒店总经理得知此事后，十分生气，但又无可奈何地说："这个收银员的职业素质太差了！"

　　【分析】宾馆总经理对一些客户在房价上给予优惠，这是一种营销策略，对增进与客户的友情、吸引客源、拓展业务是有益的。但各个客户与宾馆的联系不同，业务关系不同，对宾馆经营与发展起的作用不同，也就不能同等对待。因此，从宾馆的利益出发，对不同的客户给予不同幅度的打折优惠，并无厚此薄彼之意。总经理给予前台的打折清单，仅供宾馆内部财务人员掌握，绝不能泄露给客人，这是企业内部的机密文件，是不能外传的。因为，这个机密泄露后，暴露了企业对不同客户的政策，客人一旦掌握了这些情况，必然要与其他客人享受的优惠幅度对比。一旦发现还有比自己打折更多的客户，马上心理就不平衡了，自然会对宾馆领导产生不良看法。所以泄露机密就必然制造矛盾，引起客户不满，使宾馆打折优惠的努力付诸东流，既牺牲了利润，又得罪了客户。所以，保守企业机密是每一位员工的职业道德。

　　本例中的实习生不保守企业机密，错误地把打折清单交给客户看，让宾馆陷入被动，严重影响了客户与宾馆的关系，后果是严重的。这位实习生表面看来是干了件傻事，实际说明了该实习生缺乏基本的营销常识与职业素质。通过此案例让我们看到，酒店服务绝不是简单的熟练工，做好服务工作，要善于动脑筋分析问题，妥善解决问题。所以，实习生进入实习现场，就是走进社会，一定要虚心向酒店管理人员及师傅请教，深入学习业务知识与技巧，勤于思考，努力提高自身素质，才能胜任服务工作。

资料来源：职业餐饮网 www.canyin168.com

2.1　前厅部员工的素质要求

2.1.1　前厅部员工要有良好的职业道德

　　酒店的前厅部是迎送客人的第一战场，地位重要，任务重大。前厅部门良好的运转和管理水平，直接决定了客人对酒店的整体评价，从而影响到酒店的经济效益和整体形象。前厅部的工作岗位种类多，人员配备数量大，接触的酒店信息广泛。在前厅部门的工作流程中，员工会接触到大量的现金和信用卡，酒店产品的价格以及酒店内部的经营秘密，如果员工的职业道德不佳、个人素质不高,就很容易利用工作之便,钻酒店管理过程中的某些漏洞,为个人牟取非法利益。从而损害酒店和客人的利益,直接影响到酒店的服务质量和整体声誉。

因此,在选拔酒店前厅人员的过程中,良好的职业道德成了职业素质的第一要点。前厅部员工不仅要严格遵守国家的各项法律法规、酒店的各项规章制度,更要自觉以社会普遍认同的道德标准来规范自己的行为,做到认真做事、诚信为人。前厅部的员工必须自觉抵制社会不良风气和诱惑,洁身自爱、廉洁奉公,高标准严要求地对待前厅工作。

2.1.2　前厅部员工要有强烈的服务意识

前厅部是一条纽带,一端连着客人,一端连着酒店。客人通过这条纽带了解酒店,提出要求,接受服务,寻求尊重。作为前厅部的员工,应时刻保持良好的服务意识,留心观察客人的需求,想在客人想到前,做在客人要求前。要树立"客人永远是对的""一切以客人为中心"的服务意识,设身处地为客人着想、细致耐心、真诚可靠、热情适度、灵活应变。在对客服务时绝不以貌取人,而是一视同仁。

2.1.3　前厅部员工要有流畅的语言表达能力

酒店对前厅部员工的语言要求要比其他部门员工更高,因为员工大部分的工作时间都在与客人交流和沟通。因此流畅的语言表达是前厅员工必不可少的基本素质,这个语言不仅是普通话,还包括英语,甚至其他外语。对于中文的要求,基本以流畅标准的普通话为主,发音准确、用词恰当、语音动听、音调适宜。在接待客人时,语言不能太过呆板,毫无生气,只讲求程式化、机械化的应答,而不注重人性化、个性化的交流。必要时,前厅员工要能够以幽默风趣的语言缓和气氛打破僵局,更好地处理问题。而对于员工的英语表达能力,不仅需要准确、标准,更要考虑到各国外宾英语发音的不同,主动适应他们的发音习惯,灵活地处理外宾的接待工作。

2.1.4　前厅部员工要有一定的抗压能力

前厅部是处理客人投诉,承接客人不满情绪最多的部门,因此前厅的员工必须具有一定的抗压能力,在工作中尽量避免不良情绪的影响。员工应该认识到,并不是所有客人的要求都是恰当的。当客人情绪激动、语言过激时,作为前厅员工需要的是冷静、及时地处理问题,帮客人圆满地解决问题,争取客人的谅解,赢得客人的满意。而不是和客人一起激动,将矛盾瞬间激化,导致投诉升级;或是因为员工自己的心理压力过大,引发不良事件。抗压能力表现在正确认识对客服务中的争执,正确处理对客服务中的投诉,将不良情绪及时清除。

2.1.5　前厅部员工要有丰富的专业知识

前厅部是酒店对客服务业务中种类最多,也是对客服务最频繁的部门。酒店的客人来自四面八方,不同的国籍、性别、职业、年龄、经历、教育程度、社会地位等都不尽相同,这就要求前厅员工平时注意积累经验,有较强的适应能力和应变能力,并具备一定的技能技巧。前厅员工还必须积极拓宽自己的知识面，了解更多的客源国概况、宗教禁忌、风俗习惯等，以便在工作中能够有针对性地对客服务。

2.2 前厅部员工的仪容、仪表和仪态规范

前厅礼仪属于酒店礼仪的一部分，也属于职业礼仪的范畴。它指的是在酒店前厅服务工作中所形成和发展的，并得到酒店业界广泛认可的礼节和仪式。前厅礼仪的目的是树立良好的服务者和酒店形象，使客人有宾至如归的感受，从而使客人满意。

前厅礼仪围绕的目标就是全心全意为客人服务，使客人满意，讲求的是接待服务的方法和艺术，宗旨是要求符合本国国情、民族文化和当代道德习俗。

2.2.1 前厅部员工的仪容规范

1. 面部修饰

无论面部容貌的先天条件如何，洁净是每位员工都可以通过努力达到的效果。每位前厅员工在上岗之前，必须仔细清洁面部，并对镜检查，保证面部无污垢、无汗渍、无分泌物、无残留妆容。前厅员工需要养成及时洗脸、勤于照镜的习惯。在清洁时注意面部各个角落，如鼻翼、耳后、眼角等；在照镜时仔细检查面部的各个位置，保证面部时刻处于洁净状态。

服务员的面部修饰既要美观大方，又要自然庄重。按照客人对服务人员的角色定位，自然大方的面部特征是客人最为欣赏和易于接受的，过于前卫新潮或者标新立异的面部修饰都会使客人对服务人员产生距离感，不利于客人和服务员之间的沟通交流。

2. 五官修饰

1) 眼部修饰

眼睛是心灵的窗户，是向外界传达信息最多的部位，也是被客人注意最多的地方。在对眼部进行修饰时，首先需要注意的是眼部清洁。正常情况下，每个人在清醒时也会产生眼部分泌物，作为服务人员就必须及时清洁掉眼部的分泌物，否则会给客人留下邋遢随意的不良印象。眼部的装饰物多为眼镜，近视的服务员在选择眼镜时要考虑到自己的脸型和肤色，尽量选择适合自己脸型的镜框，能够良好地修饰面部轮廓，并且讲求美感。镜框不应该选择过于鲜艳或者过于暗沉的颜色，给人以突兀夸张的感觉，引起客人的视觉反感。

2) 眉毛修饰

眉形的选择和修饰在眉毛的整体修饰过程中至关重要。人天生的眉毛可能长得并不完美，对于不够浓密的稀疏眉毛，不够完整的断眉残眉，眉形呈"八字"型或者倒"八字"型的眉毛，都需要进行修剪和描画，使之完整美观。前厅服务人员的眉形应该是大方得体的，根据自己原先的眉形进行修饰和美化。修眉过程中不要将眉毛修剪得过于"细"和"挑"，

这会使得客人觉得服务员很凶，不容易相处；也不要将眉毛描画得过于浓黑，这样显得眉毛很抢眼，不利于整体美观。

3) 口部修饰

口部修饰包括了嘴唇、牙齿和嘴唇周边皮肤的护理。嘴唇护理应保持唇部柔软红润、无开裂脱皮，选择适宜的润唇膏定期护理嘴唇，并在饭后及时清理唇部残留物。保持牙齿清洁的同时还需保证口气清新，在工作时间不食用葱、蒜、韭菜、洋葱等味道强烈的食物，不饮酒、不吸烟、不喝浓茶和咖啡。

知识链接

牙齿护理中最常见的就是刷牙，每天三餐后都必须刷牙，并将刷牙时间选择在饭后三分钟内，每次刷牙时间不少于五分钟。刷牙时应选择清洁效果好并有除渍功能的牙膏，牙刷也需要选择大小适合、软硬适中的，避免刷牙时用力过猛引起牙龈出血。定期去专业口腔医院清洁牙齿，通过牙医用专业设备洗牙，也帮助去除牙垢和牙结石，时间间隔以半年到一年一次为宜。

4) 鼻部修饰

保持鼻部清洁，即使在感冒期间也不能产生流鼻涕的情况，必须在对客服务期间保持鼻部清爽干燥。定期修剪鼻毛，务必保持鼻毛长度控制在鼻腔之内，不可长出鼻部。注意鼻头部位的"黑头"清理，"黑头"是一种皮肤脂肪粒经空气氧化后形成的黑色颗粒状污垢，清洁时要注意不可使用外力过度挤压，从而引起皮肤感染，应该选择专业的"黑头"清洁产品，用温和的方式去除。

5) 耳部修饰

保持耳部洁净，为耳部做全面细致的清洁，保证耳部的各个角落不留污垢灰尘。定期清洁耳部分泌物，保持耳道畅通。不要因为追求时尚在耳廓上打过多的耳洞，前厅部服务员必须保持良好的职业形象，最多只能在耳垂位置各打一个标准耳洞，并佩戴尽量小的耳钉型装饰物。

知识链接

化 妆 技 巧

1. 皮肤

人的肌体随年龄的增长而逐渐衰老，皮肤的衰老要比其他部位来得早一些。然而，通过科学的方法减慢皮肤的老化过程，能使皮肤延缓衰老，这就要对皮肤加强保养和护理。

2. 粉底

粉底可以修正不良肤色，遮盖面部斑点，是完美彩妆的基础。在打粉底前需要做好面部皮肤的清洁和养护，保持面部皮肤清洁润泽。选择粉底时要考虑自己的基础肤色，选择比自己肤色浅一号的粉底，不可以选择过白或过黑的粉底，造成强烈的视觉冲击。打粉底时要厚薄均匀，涂抹适量，并且要延伸到颈部，使得粉底颜色过渡自然，妆面完整。

3. 眉毛

眉形选择要适合自己的脸型和职业，描画眉毛时要一根一根描绘，使得眉毛根根分明，而不要一笔画过，一团漆黑。眉笔颜色选择不宜过深，以自然黑和深棕色为宜，描画时注重两头浅、中间深、上面浅、下面深。

4. 眼影

眼影可以增强眼部的立体感，双眼明亮传神。职业彩妆的眼影颜色不宜过深，浅咖啡色比较适合中国人的脸型，可以使眼睛深邃有神。眼影可以选择一种以上的颜色，营造出层次感和轮廓感，并要注意涂抹均匀。

5. 眼线

眼线可以使人的眼睛生动有神，并使得眼睛看起来更大。画眼线时要注意紧贴睫毛根部，不留空隙，并从内眼角向外描画，先粗后细，由浓转淡，自然得体。下眼线不要画满，一般描画2/3即可，显得更加自然。

6. 腮红

腮红可使肤色显得健康和谐，职业彩妆的腮红颜色应选择浅的红色系，不可太浓，涂抹要均匀。涂抹时的定位要准确，面积不可过大，一般在颧骨附近由内向外用腮红刷涂抹，并用散粉定妆。

7. 唇彩

唇彩或唇膏是职业彩妆的亮点，颜色选择应该清新自然，具有光泽，不宜过浓。唇彩的颜色以橙色系、金色系、浅咖啡色系和浅粉红色系为宜，可以打造出具有亲和力的唇部彩妆效果。唇部化妆可以先用唇线笔勾画出理想唇形，再将唇彩填满。唇彩或唇膏的质地要良好，安全无害，并注意检查不要将唇彩留在牙齿部位。

8. 香水

职业彩妆可以选择搭配淡香水，营造出高雅和谐的整体美感。香水的喷涂位置是手腕、耳后、颈部、膝后等动脉跳动明显处，可借由脉搏跳动使香水自然散发。不宜直接喷涂于衣物或易出汗的身体部位。香水不宜喷涂过多，避免引起客人反感，以隐约能闻到为宜。

3. 发型修饰

1) 男员工发型

前厅部男性员工的发型为短发，头发长度适中，前面的头发不能遮住额头和眉毛，两边的头发不能超过耳朵，并且不应留很长的鬓角，后面的头发不能触及衣领。具体发型的选择要与服务人员的岗位相适应，与脸型身材相配合，与身份和地位相结合。

2) 女员工发型

前厅部女性员工的发型如果是短发，则刘海不应触及眉毛，两边不要长过耳朵，后面不要到达肩部；如果是长发，则工作时需要用发带固定或者用发网盘起，以保持整洁干练的职业形象，切忌长发披肩。

2.2.2 前厅部员工的仪表规范

1. 服饰选择

酒店服务人员在工作场合要求着酒店制服。制服属于正装的一种，能够最大程度地体现酒店的职业特点。在酒店里,制服可以起到标志性作用,方便客人辨认服务人员,同时也体现了酒店服务人员的专业性。当服务人员穿着酒店制服工作时,也可以时刻提醒自己用服务人员的标准要求自己、激励自己,强化服务性行业的特点,形成职业责任感和自豪感。酒店员工全部穿着制服也便于管理,保证所有服务人员着装的统一性和整体性,同时可以增强企业的凝聚力和员工的归属感。

2. 饰品佩戴

饰品的选择和佩戴尽量以简单大方为主,不建议在工作期间佩戴过多的饰品。饰品过多一则显得个人形象过于个性化,不符合职业化的要求;二则容易丢失,引起不必要的矛盾。

头部饰品以酒店统一的发带和发网为宜,除此之外不要选择过于闪亮和色彩鲜艳的发夹、头饰。即使需要使用发夹,也必须选择黑色和与头发相近的颜色为宜。

耳部饰品以耳钉为主,颜色也不能太鲜艳,耳钉大小以不可超过耳垂为宜。不宜择体积过大的耳环,或是悬挂很长的耳坠。

颈部项链的选择以简单清爽的款式为宜,以长度较短的颈链为宜,不可佩戴过大的挂坠,也尽量不要选择颜色过于明显的材质。建议的颈部装饰物为酒店统一的领结、领带和丝巾。

手臂装饰物以手表为主,手表的款式以大众型的为宜。不建议佩戴手链或手镯,尤其不适合佩戴玉质手镯,这种材质的手镯在工作时非常容易破损,体积也过大。

手部的戒指以婚戒为主,尽量不要佩戴花戒和装饰戒指。

腿部不能够佩戴脚链,长筒丝袜也不能够选择有明显花纹的式样。

2.2.3 前厅部员工的仪态规范

仪态指的是人们的身体所呈现的各种姿态,也可以看作是身体的具体造型。仪态具体可以表现为体态、动作和表情。在酒店前厅部的服务过程中,服务人员以不同的仪态出现在客人的面前,用无声的语言向客人传达着不同的信息。仪态的表现形式是多种多样的。人的头部、脸、躯干、手腕、手指及腿、脚等十几个主要部位,几乎都可以传情达意。

1. 前厅部员工的站姿

站姿应注意保持挺直、优雅、均衡。在酒店前厅部的工作中,大部分岗位需要站立式服务,在为客人服务时站姿一定要规范,体现良好的精神风貌。前厅服务人员在工作中的站姿常有以下几种。

(1) 垂臂式站姿。将双手交叉放于小腹部位,右手握住左手,无须用力,两脚跟相靠,脚尖分开成"V"型,抬头挺胸,目视前方,如图 2.1 所示。

(2) 后背式站姿。两臂后摆,两手在身后相握,右手握住左手手指部位,左手在上,置于髋骨处,两臂肘关节自然内收,如图 2.2 所示。

(3) 腹前式站姿。两手握于腹前,右手在上,握住左手手指部位,两手交叉点在衣扣垂直线上。

第 2 章　前厅部员工的素质要求和礼仪规范

对于女员工而言，两脚尖略展开，左脚在前，将左脚跟靠于右脚内侧前端，两手握指交于腹前，身体重心可在两脚上，也可在一只脚上，以通过两脚重心的转移减轻疲劳。此种站姿也可叫做"丁字步"，如图 2.3 所示。

对男员工而言，两脚之间距离不得超过肩宽，两脚分开平行站立，两手握指于腹前，身体重心在两脚上，身体直立，注意不要挺腹或后仰。

图 2.1　垂臂式站姿　　　　图 2.2　后背式站姿　　　　图 2.3　丁字步站姿

2. 前厅部员工的坐姿

1) 入座和起座

坐姿应给人以端庄、文雅、稳重之感。坐姿不仅包括坐的静态姿势，同时还应包括坐的动态姿势。入座和起座，是坐不可分割的两个部分。入座时，从座位左边入座，背向座位，双腿并拢，右脚后退半步，使腿肚贴在座位边，轻稳和缓地坐下，然后将右脚与左脚并齐，身体挺直。如果是女士入座，且穿着裙装，应整理裙边，用手沿大腿侧后部轻轻地把裙子向前拢一下，并顺势坐下，不要等坐下后再来整理衣裙。入座后一般只坐椅子的 2/3，坐 1/3 会给人局促紧张的感觉，坐满又显傲慢失礼。起座时，右脚向后收半步，用力蹬地，起身站立，右脚再收回与左脚靠拢。

2) 基本坐姿

坐立时，头正、颈直，双目平视前方，或注视对方，嘴微闭，面带微笑；身体自然坐直，挺胸收腹，腰背挺直；双腿并拢，小腿与地面垂直，双膝和双脚跟并拢；双肩放松下沉，双臂自然弯曲内收，双手呈握指式，右手在上，手指自然弯曲，放在腹前双腿上或座位扶手上，如图 2.4 所示。端坐时间过长，会使人感觉疲劳，这时可变换为侧坐。无论哪一种坐法，都应娴雅自如，切忌坐时弯腰驼背，含胸挺腹，前俯后仰，摇腿跷脚或跷二郎腿。入座与起座时应舒缓、自然大方，动作不可迅猛。

图 2.4 基本坐姿

图 2.5 男性坐姿

3) 常见坐姿

(1) 开膝式坐姿。在基本坐姿的基础上,双脚向外平移,两脚间距离不得超过肩宽,两小腿垂直于地面,两膝分开,两手放于膝盖。此坐姿仅适于男士,如图 2.5 所示。

(2) 双腿斜放式坐姿。在基本坐姿的基础上,左脚向左平移一步,左脚掌内侧着地,右脚左移,右脚内侧中部靠于左脚脚跟处,右脚脚掌着地,脚跟提起,双腿靠拢斜放。两膝在整个过程中,始终相靠,如图 2.6 所示。

(3) 双脚交叉式坐姿。在基本坐姿的基础上,左小腿向前伸出 45°,右小腿跟上,右脚在上与左脚相交,两脚交叉于踝关节处,膝部可略微分开,如图 2.7 所示。

(4) 双腿交叠式坐姿。在基本坐姿的基础上,左小腿起支撑作用,右腿交叠于左腿上,小腿内收,脚尖向下,交叠的两小腿紧靠呈一直线。此坐姿适于高脚凳椅,如图 2.8 所示。

图 2.6 斜放式坐姿

图 2.7 交叉式坐姿

图 2.8 交叠式坐姿

(5) 屈伸式坐姿。在基本坐姿的基础上，右脚后收，脚掌着地，右脚呈后曲状。左脚前伸，全脚着地，左腿呈前伸状，膝部靠拢，两脚在一条直线上，如图2.9所示。

图2.9　屈伸式坐姿

图2.10　走姿

3. 前厅部员工的走姿

走姿(如图2.10所示)是人们行走时的姿态。行走是人们生活中的主要动作，走姿能直接反映一个人的精神面貌、性格特点等。走姿优美要求稳健、轻盈、有节奏感。

走姿的基本规范要求是：头正、颈直、下颌微收，目光平视前方，面带微笑；收腹挺胸，挺直脊椎，吸气提臀，上身微微向前倾；肩膀平齐微沉，两臂放松垂下，手指自然弯曲。自然摆动两臂时，以肩关节为轴，上臂带动前臂呈直线前后摆动，摆幅要小；前摆时，肘关节略屈，前臂不要向上甩动；收紧胯部，大腿带动小腿向前迈步，脚尖略微分开，脚跟先触地，身体重心落在前脚掌上。前脚落地和后脚离地时，膝盖须伸直。

女性行走时，两脚内侧着地的轨迹要在一条直线上；男性行走时，两脚内侧着地的轨迹不在一条直线上，而是在两条直线上。前脚跟与后脚尖之间的距离要适度，通常步幅是1～1.5个脚长。行走的速度应保持均衡，不要忽快忽慢。一般步速标准为女士每分钟118～120步，男子为每分钟108～110步。行走时切忌弯腰驼背，摇头晃脑，探颈前窜，大摇大摆，步子太大或太碎，脚蹭地面，脚尖向内形成"内八字"或脚尖向外形成"外八字"步。

4. 前厅部员工的蹲姿

前厅员工有时要捡起掉在地上的东西，或取放在低处的物品，这就需要使用蹲姿。如果不注意蹲姿，可能会显得非常不雅观，也不礼貌，而采取优美的下蹲姿势就要雅观得多。常见的下蹲基本规范要求有以下几种。

1) 高低式蹲姿

下蹲时左脚在前，全脚着地，右脚稍后，脚掌着地，后跟提起；右膝低于左膝，臀部向下，身体基本上由右腿支撑；女性下蹲时两腿要靠紧(如图2.11所示)，男性两腿间可有适当的距离。

图 2.11　高低式蹲姿

图 2.12　交叉式蹲姿

2) 交叉式蹲姿

下蹲前右脚置于左脚的左前侧，使右腿从前面与左腿交叉。下蹲时，右小腿垂直于地面，右脚全脚着地。蹲下后左脚脚跟抬起，脚掌着地，两腿前后靠紧，合力支撑身体；臀部向下，上身稍前倾。女子较适用这种蹲姿，如图 2.12 所示。下蹲时，无论采取哪种蹲姿，都应掌握好身体重心，避免在客人面前滑倒的尴尬局面出现。

5. 前厅部员工的手势

手势是仪态的重要组成部分，是通过手和手指活动来传递信息的体态语言。它不仅能对口头语言起到加强、说明、解释等辅助作用，而且还能表达有些口头语言所无法表达的内容和情绪。

1) 引导手势

引导，即为客人指示行进方向，也就是指路。引导客人时，首先轻声对客人说"您请"，然后采取"直臂式"指路。

具体做法是：将左手或右手提至齐胸高度，手指并拢，掌心向上，以肘关节为轴，上臂带动前臂，手臂自上而下从身前抬起，朝欲指示的方向伸出前臂，手和前臂成一直线，整个手臂略弯曲，肘关节基本伸直。在指示方向时，上体微前倾，面带微笑，身体侧向客人，眼睛看着所指目标方向，并兼顾观察客人是否看清或会意到目标，直到客人表示看清楚了，再放下手臂。指示方向时不可用一根手指来指示方向，否则是不礼貌的表现。在任何情况下，用拇指指着自己或用食指指点他人都是不礼貌的行为。

2) "请"的手势

"请"的手势是前厅员工运用得最多的手势之一。"请"根据场景的不同，有着不同的语义："请进""这边请""里边请"、"请跟我来"等。

在表示"请"时常用"横摆式"。其手势的规范要求为：五指伸直并拢，掌心斜向上方，手掌与地面成 45°，腕关节伸直，手与前臂成直线，整个手臂略弯曲，弯曲弧度以 140°为宜。做动作时，应以肘关节为轴，上臂带动前臂，由体侧自下而上将手臂抬起，到腰部并与身体正面成 45°时停止。头部和上身微向伸出手的一侧倾斜，另一手下垂或背在背后，面向客人，面带微笑，目视客人，表示出对客人的尊重欢迎。根据情况可以由左手也可以是右手来做手势，哪只手做起来方便即用哪只手做。做手势时，必须面对客人，不得背对客人。

3)"请坐"的手势

"请坐"的手势与"横摆式"颇为接近，只是手臂较低，大约与地面成 30°角左右，面带微笑，面向客人。

6. 前厅部员工的微笑

微笑(如图 2.13 所示)反映了酒店员工的职业道德，是良好服务态度的重要外在表现形式。微笑会使客人感到宽慰，能迅速地缩小彼此间的心理距离，创造出和谐、融洽、互尊、互爱的良好氛围。微笑，在酒店服务中是一种特殊的"情绪语言"。它可以在一定程度上代替语言上的更多解释，有时往往起到无声胜有声的作用。只有真诚的微笑才能打动人、感染人，令客人感到注意和愉快。

图 2.13　微笑

案例分析 2.1

一直以来，酒店行业都把微笑当成是最好的服务，酒店里与客人接触频繁的前厅部更是要求员工十步开外要微笑，五步之内要问好。服务员见到客人时要微笑、主动向顾客问好；客人不满意服务时也要微笑；甚至客人骂你时，更要微笑。

8 月的一天，一对夫妻拎着行李缓缓走入某酒店，脸上挂着沉重的表情："服务员，麻烦你订一个双人房，我们住四天就走。""好的，您请稍等。您需要普通客房还是高档的客房？"前台服务员一如以往的微笑和热情，根本没有在意客人的表情。"中档的就可以，麻烦你快点，我们很累。"客人一脸的不耐烦。"好的，我们这就去办。在 2008 房，两位请走这边。"前台服务员仍是微笑着。

当这对夫妻回到 2008 房间后不久，服务员就端着点心敲门了。"先生，太太，你们旅途劳累，先吃些点心吧。"客房服务员微笑着说。"好的，你放在这里，没事你可以出去了。如果我们没有叫你，请不要再来打扰我们。"客人好像有点生气了。"砰"的一声，房门被重重地关上了。

当这对夫妻第二天来到餐厅用早餐时，餐厅服务员立即走上前，用愉悦的声音打着招呼："两位早上好，能为你们效劳吗？""我们吃早餐时想清静一下，请不要打扰我们。""哦，真不好意思。"餐厅服务员只好不再说话。

接下来的几天中，一连串酒店的例行服务都被这对夫妇拒绝了，弄得服务员都很尴尬：不按服务规程做的话，经理会说你没尽到职责；按服务规程做的话，又怕被顾客嫌烦，甚至挨骂，真是左右为难。客人对我们的意见究竟在哪里呢？我们每个人都是用微笑去服务的呀？

当前台服务员为这对夫妻办理离店手续时，尽量小心翼翼，而且脸上的微笑比以前看起来更有亲和力。但那位先生终于受不住了："你们酒店的服务怎么这样子？只会对顾客笑，也没看到顾客心情不好，你就不能不笑，也算是安慰我们吧！你们的服务真是太差劲了，我要投诉你们酒店！"前台服务员一听到投诉，满脸委屈。这时闻讯赶来的大堂部经理解了围："先生，请您先冷静一下，有什么事好商量。"原来，这位先生刚刚参加完母亲的葬礼从国外回来，住酒店就是为了换一个环境，缓解一下痛苦情绪。但每次看到服务员的笑，心里就很不好受：自己还在承受丧母之痛，人家却老是对着你笑，如果换成是你，你心里会怎么样？而且一想起母亲的时候，就看到服务员的微笑，你说烦不烦？

【问题】微笑是最好的服务，这观点你同意吗？如果同意，为什么案例中职业性的微笑却招致了如此严重的后果？遇到特殊客人的时候，我们是按照服务规程完成工作呢，还是具体情况具体分析，灵活应对？人们的表情里藏着许多小秘密，用什么方法能够了解其中的秘密，猜透其中蕴含的信息呢？

【分析】我们永远肯定：微笑是最好的服务。发自内心的微笑能够给客人带来宾至如归的感受，能够迅速拉近与客人之间的距离，消除陌生感。微笑是服务的宗旨，是酒店服务质量的重要标准之一，也是酒店对每个员工的基本要求。但是，微笑既是职业素养的一部分，又对适时微笑提出了更高的要求。对待不同的客人，需要不同的微笑方式，学会从客人表情中发现客人的情绪状态才是更高的职业素养的要求。针对不同的客人情境心理需求的特点，提供不同的服务。

在酒店前厅的服务过程中，对所有的客人都是标准化、规范化的服务是不行的，要想让客人满意，还要对不同的客人提供不同的服务。想要提高客人的满意度，进而留住客人还要靠服务人员的个性化服务。案例中的服务员当时没有了解客人的心理，客人刚参加完母亲的葬礼从国外回来，住酒店就是为了换一个环境，缓解一下痛苦。每当看到服务员的笑脸，心里就很不好受。自己还在承受丧母之痛，别人却老是对着你笑，好像一点儿同情心都没有，这能不让人生气吗？客人不同的心理，要求不同的服务，服务员应学会"察言观色"。客人是开心还是悲伤，根据具体的情况提供适当的服务，而不是完全按酒店的标准去进行完全一样的服务，只有这样，客人才能感到酒店服务是为自己量身定制的，正合自己的意。

资料来源：职业餐饮网 www.canying168.com

2.3 前厅部员工的对客交往礼仪

2.3.1 前厅部员工的言谈礼仪

前厅员工遇到客人时要面带微笑，保持站立式服务。如果前厅员工是坐式服务，在看到客人前来时必须起身向客人问好，客人落座后，员工方可坐下。向客人问好时应起立，切不可坐着与客人交谈。

前厅员工与客人对话时宜保持1米左右的距离，交谈时要注意使用礼貌用语，注意"请"字当头，"谢"字不离口，充分表现出对客人的尊重。

前厅员工在与客人交谈期间，对客人的话要全神贯注用心倾听，眼睛要望着客人面部(但不可直视客人的眼睛，这样客人会有压力感，最好是将目光放在客人鼻部或嘴部的位置，保持视线柔和有礼，切不可逼视客人)，要等客人把话说完，不要打断客人的谈话。

第2章 前厅部员工的素质要求和礼仪规范

前厅员工要加强"首问责任制"意识的培养，对客人的问询应予以圆满答复。若遇员工不知道、不清楚的事应立即查找有关资料，或请示领导尽快答复客人，绝对不能以"不知道""不清楚"作为回答；回答问题要负责任，不能不懂装懂、模棱两可、胡乱作答。当客人提出的某项服务要求员工一时满足不了时，应主动向客人表示歉意，同时要给客人一个解决问题的建议或主动协助客人联系解决。要让客人感到，虽然问题一时没解决，但却受到了重视，并得到了应有的帮助。

前厅员工要有良好的服务态度。在与客人交谈时，尤其是客人要求员工服务时，员工从言语中要体现出乐意为客人服务，不要表现出厌烦、冷漠、无关痛痒的神态，应说："好的，我马上就来"，千万不能说："你没看见，我正忙着吗？"此类言语。

当前厅员工在与一位客人对话时，如遇另一位客人有事，应点头示意打招呼，或请客人稍等，不能视而不见，无所表示，冷落客人。同时尽快完成对第一位客人的服务、结束谈话，招呼另一位客人，如第一位客人的服务时间较长，应对另一位客人说："对不起，让您久等了"，而不能一声不响就开始工作，招致客人不满。对客人服务要做到服务第一位，招呼第二位，关注第三位。

前厅员工与客人对话，态度要和蔼，语言要亲切，声调要自然、清晰、柔和，音量要适中，不要过高，也不要太低，以对方听清楚为宜，答话要迅速、明确，不拖泥带水。

前厅员工在对客服务过程中，如果遇到原则性强且较敏感的问题，服务态度要明确，但说话方式要婉转、灵活，既不违反酒店规定，又要维护顾客的自尊心，切忌使用质问式、怀疑式、命令式的说话方式，杜绝蔑视语、嘲笑语、烦躁语、否定语、斗气语，要使用询问式、请求式、商量式、解释式的说话方式。

(1) 询问式：如"请问……？""您看……"
(2) 请示式：如"请您协助我们……""拜托您……可以吗？"
(3) 商量式：如"您看这样好不好？"
(4) 解释式：如"这种情况，酒店的规定是这样的……"

打扰客人的地方(或请求客人协助的地方)，首先要表示歉意，说："对不起，打扰您了。"对客人的帮助或协助(如交钱后、登记后、配合了员工的工作后)要表示感谢。

前厅员工对于客人的困难，要表示关心、同情和理解，并尽力想办法解决，不应用冷漠、无情的态度对待有困难的客人。

前厅员工如果遇到某个问题与客人存在争议，可以婉转地向客人解释清楚，过程中应注意用词、用语的态度和内容，或者请上司帮助处理，切不可与客人发生争吵。

前厅部员工的语言技巧

(1) 三人以上对话，要用互相都懂的标准语言，不可使用只有少数人懂的方言。
(2) 不得模仿客人的语言、声调和谈话内容，避免引起客人反感。
(3) 不得聚堆闲聊，大声讲话、大声笑、高声喧哗。
(4) 不可在工作地点高声呼喊另一个人。

(5) 不得以任何借口顶撞、讽刺、挖苦客人。
(6) 不得与客人开过分的玩笑。
(7) 与客人和同事都不可高声辩论、大声争吵、高谈阔论。
(8) 不得讲有损酒店形象的语言。

2.3.2　前厅部员工的介绍礼仪

1. 介绍自己

尽量先递名片再介绍，自我介绍要简单明了、内容规范，一般在一分钟内，按场合的需要把应该说地说出来。

2. 介绍别人(如图 2.14 所示)

介绍的顺序是尊者居后，男先女后、少先老后、主先客后、下先上后，如果双方都有很多人，要先从主人方职位高者开始介绍。

图2.14　介绍礼仪

3. 业务介绍

一要注意把握时机，二是要掌握分寸，扣紧"人无我有""人有我优""人优我特"的要点进行介绍。

2.3.3　前厅部员工的名片礼仪

交换名片(如图 2.15 所示)的顺序一般是先客后主，先低后高，人多时应该依次进行，切勿跳跃式进行，以免被对方误认为有厚此薄彼之感。

第 2 章 前厅部员工的素质要求和礼仪规范

图 2.15 名片礼仪

介绍之后递送名片，在尚未弄清楚对方身份之前，不应急于递送名片，更不要把名片视同传单随便散发。

递送时，应正面面对对方，双手奉上，眼睛注视对方，面带微笑，并大方地说"这是我的名片，请多多关照"。

接受名片时应起身，面带微笑注视对方，接过名片时说"谢谢"，随后微笑阅读名片，可将对方的姓名职衔念出声来，并抬头看看对方的脸。

回敬自己的名片，如身上未带名片，应向对方表示歉意。

在对方离开之前，或话题尚未结束之前，不必急于将对方的名片收藏起来。

2.3.4 前厅部员工的握手礼仪

1. 场合

一般在见面和离别时用。冬季握手应摘下手套，以示尊重对方。一般应站着握手，除非生病或特殊场合，但也要欠身握手，以示敬意。

2. 谁先伸手

一般来说，和妇女、长者、主人、领导人、名人打交道时，为了尊重他们，把是否愿意握手的主动权赋予了他们。但如果另一方先伸了手，妇女、长者、主人、领导人、名人等为了礼貌起见也应伸出手来握。见面时对方不伸手，则应向对方点头或鞠躬以示敬意。见面的对方如果是自己的长辈或贵宾，先伸了手，则应该快步走近，用双方握住对方的手，以示敬意，并问候对方"您好"，"见到您很高兴"等。

3. 握手方式

和客人握手时，应伸出右手，掌心向左虎口向上，以轻触对方为准(如图 2.16 所示)。如果男士和女士握手，男士只需轻轻握住女士的手指部分。

图2.16 握手礼仪

4. 握手的力量和时间

这两个要素根据双方交往程度确定。和新客人握手应轻握，但不可绵软无力；和老客人应握重些，表明礼貌、热情，时间一般不超过三秒钟，并可轻轻摇动两下。

5. 握手时的表情

握手时的表情应自然、面带微笑，眼睛注视对方。

案例分析2.2

一位女士入住某酒店，办理入住手续时即要求延迟退房时间，并要求免除因此加收的房费。大堂副理一眼认出该女士是酒店协议单位的客人，立即按照有关的优惠政策表示了同意。同时，大堂副理留意到客人在与同事的电话中说道："明天我晚上8点的火车，7点就可以退房了。"因此大堂副理关切地询问了客人去哪个火车站乘车，而且善意地提醒客人说："酒店到这个火车站的路程是6公里，但是晚上7点至8点的时间段容易塞车，请您考虑是否再早点儿出发，以免误了火车。"不料这位女士却误解了他的好意，反问道："你不就想早点儿轰我走吗？误车我愿意，你甭管！"

面对这样的尴尬，大堂副理顿时哑然，但他很快便调整好心态，仍然微笑着提出建议："那7点钟前我先帮您订一辆出租车在酒店门口等您，以免耽误您的时间。"听到这里，客人不好意思了，说："那……谢谢你了！"第二天晚上7点前大堂副理约好出租车等在酒店门口，又按时将该女士送上车并祝她一路顺利。离开时，他终于看到了客人带着满意的笑容向他挥手告别。

【问题】案例中的大堂副理在对客服务过程中的细节做得好不好？好在哪里呢？他面对尴尬情境和客人误解的时候，是如何应对的？与客人交流时不会是一帆风顺的，遇到挫折和误解时，作为前厅服务人员该如何坚持良好的对客交流礼仪？

【分析】案例中的这位大堂副理在服务过程中坚持了良好的对客交往礼仪，在遇到困难和被客人误解时，能够坚持礼貌待客，时时处处为客人着想，在细节上感动客人、留住客人。案例中的大堂副理有四个细节做得得体到位，因而最终获得了良好的服务效果。

一是他一见到这位女士就认出了她是协议客户，所以能够根据酒店的优惠政策迅速给予客人满意的答复，避免了拒绝客人的要求或为此进行询问而给客人带来的不快。这说明只有平时熟悉酒店的各种规定，并留心关注来来往往的客人，才能提供及时快捷的服务。

第 2 章　前厅部员工的素质要求和礼仪规范

二是他对客人的要求并不是简单化地处理，解决了当前的问题就算完事，而是在客人强调她何时退房的时间概念中捕捉服务信息，为客人提前想到了"不能耽误赶车时间"，从而把握住一次延伸服务的机会。这说明只有注意细节，用心做事，才能把服务工作做好、做精、做到位。

三是当他遭到客人的误解而陷入尴尬难堪的境地时，仍然保持着服务者应有的平和心态，恰到好处地提出为客人预约出租车的建议，化解了客人的抵触心理，并帮助客人挽留住了体面。这说明只有具备良好的职业素养，始终把客人的利益放在首位，掌握灵活的服务技巧，才能以热情和耐心打动客人。特别是当服务员被客人拒绝时，做到这一点更难能可贵。

四是他最终履行了承诺，提前约好车辆，为客人送上离别祝福，将全程服务做得几近完美，为酒店的协议客人提供了超值服务。事实说明，只要酒店诚信守诺，真诚服务，就一定能获得客人的肯定。

资料来源：中国旅游交易网 www.17u.net

学 习 小 结

本章提出了前厅部员工的素质要求以及每一项员工素质要求的内涵，要求学生掌握前厅部员工的仪容规范、前厅部员工对客交往中的言谈礼仪，同时熟悉前厅部员工的仪表规范、前厅部员工的仪态规范、前厅部员工对客交往中的介绍、名片和握手礼仪。

【思考与实践】

1. 前厅部员工有哪些素质要求？
2. 你认为前厅部员工还需具备哪些素质，为什么？
3. 张先生是某酒店的常客，这几天他发现隔壁房间来了一位年轻的女客人，他很想知道这位女客人的姓名、年龄、籍贯等情况，于是他来到前台向接待员询问她的身份登记信息，请问前厅接待员可以向这位常客透露吗？为什么？
4. 请谈一下前厅服务人员该如何设计自己的职业形象？
5. 查找网络资料，列出一些你认为可以在前厅岗位使用的个性化饰品和服装配饰。
6. 结合酒店站立式前台和坐式前台的不同特点，谈谈两种工作方式的接待员应该使用何种具体仪态为客人服务？
7. 假如在实际工作中，前厅服务员遇到了不通情达理的客人，应该使用哪些语言来应对突发事件？
8. 我们俗语常说："一句话能把人说笑了，一句话也能把人说跳了"，在前厅对客服务中，如何避免把客人"说跳了"？

第3章 酒店房价、房型与房态

本章概要

- 酒店房价的基本类型
- 酒店客房定价策略
- 按各种标准划分的客房类型
- 房态的定义和主要类型
- 房态的转换

学习目标

- 掌握酒店房价的基本类型
- 了解酒店客房定价策略
- 掌握按各种标准划分的客房类型
- 熟悉标准间客房的平面图
- 掌握房态的定义和主要类型
- 熟悉房态的转换

第3章 酒店房价、房型与房态

案例导读

　　李先生刚刚从迪拜回来，入住了著名的迪拜帆船酒店，这个"七星级"酒店的房价，一个晚上是1.5万元人民币左右，1.5万元入住的是170平方米的复式房间。而2010年初，三亚酒店房价狂涨，2月中旬报价极度"疯狂"，三亚文华东方酒店报价从18400元到34500元/夜不等，金茂三亚希尔顿大酒店从11138元到16048元/夜不等。此外，三亚爱琴海岸康年套房度假酒店、三亚万豪度假酒店等高端酒店的报价都超过了1万元/夜。三亚的酒店可以与世界顶级酒店的价格接轨了。

　　三亚酒店的涨价一般从大年夜开始，基本到年初七结束，这是酒店赚得盆满钵满的一周，比如三亚丽思卡尔顿酒店，一个豪华海景房，小年夜的价格是2560元/夜，大年夜就迅速调整到将近18000元左右/夜，泳池海景房也从2660元/夜调整到将近19000元/夜，涨幅之大，令人瞠目结舌。

　　"三亚酒店最贵的价格一般出现在大年初二的晚上，年三十的价格并不高，初六以后也会稍微回落一下，就是初一到初五晚上比较贵一点。"海南一家五星级酒店销售总监说，"这几个'黄金之夜'基本上都订不到房间的。"

　　从携程网公布的调查显示，三亚是春节最热的境内旅游目的地之一，出行人数大幅领先。"三亚一直是较为火爆的旅游目的地，春节临近，加之最近炒房团大量涌入，酒店价格猛涨，但这么高的涨幅还是第一次看到，往年从没有见过这么多酒店集体涨价到万元一夜以上的。"经营国内旅游多年的某旅行社创办者惊叹道。

　　如此疯狂的定价背后不仅仅是投资者赴三亚看房买楼的热情，还有囤积客房的加价链条。"造成如此一房难求的火热场面，除了春节旺季因素以外，由于投资海南国际旅游的炒房看楼者一窝蜂涌入，使得酒店价格非正常猛涨。"海南康泰旅行社有关负责人指出，大量投资客在自己"占据"客房资源的同时，还会率先预订相当一部分客房，他们"囤积"这部分客房后，再加价向市场销售。在"炒楼"的同时，投资客顺便"炒酒店客房"。所以预订率并非完全体现在实质的游客，相当一部分是被"炒酒店客房"者占据了。

　　加价环节还不只是投资客"囤客房"这一个，部分旅行社由于看好春节和投资潮，他们都会提前向酒店"买断"一批高端酒店客房，一般以1000多元~2000多元不等价格买入，然后旅行社自行负责销售。有时，旅行社还从"囤客房"的投资客手中买入客房，再销售给组团旅行社，最后销售给游客。也就是说，从酒店到客人之间要经过投资客、当地旅行社、组团旅行社2~3个"中间商"的多次加价，再加上市场的确火爆，过万元一夜的高价也就应运而生了。

　　事实上，这些"炒家"或"买断"客房的旅行社自身风险很大。最危险的就是炒酒店的一拨人，之前囤积了不少的房间在手里，之后还有部分没有放出来，要么是大赚，要么就是大亏。对三星和四星酒店来说，最好大部分房源都外包给旅行社，五星级酒店的话，一般会将五成或六成的酒店外包给旅行社，而且是需要有长期合作关系的旅行社。这些炒酒店的投资客，拿的就是旅行社以外的房源，他们能做的，就是将房源倒卖给其他地方的旅行社。要么是炒房失败，砸在手里，要么就是大赚一笔，离春节越近，出货的机会就越小。

　　部分业内人士反映，尽管三亚旅游市场表面看来一片大好，但这些都是投资者或高端旅游者造成的，而大众化游客很难接受过万元一夜的酒店房价，旅行社针对的旅游客源大多是大众人群，而经过中间几次的加价，旅行社"买断"或"囤积"的客房成本已经很高，有些可高达十几万元金额，假如大众游客不愿意接受太高的团队报价，收不到足够的客源，旅行社的经济损失则会非常大。

资料来源：证券之星网 www.stockstar.com

3.1 制定房价并分类

客房定价策略是饭店在特定的经营环境中,为实现其定价目标所采取的定价方针和价格竞争方式,具体表现在对各种定价方法的有效选择。研究和制定有效的客房定价策略,是实现客房定价目标的重要环节。

3.1.1 客房定价策略

1. 新产品定价策略

新产品的定价是饭店经营决策中一个很重要的问题,它关系到新产品是否能及时打开市场、占领市场并获得满意的经济效益。

1) 撇油定价策略

撇油定价策略是指对新产品采取高价投放市场的策略,以便在短期内获得高额利润,尽快收回投资。这种定价策略如果成功,可以及时收回投资,也可为后期降价竞争创造条件。但这种策略的风险较大,如果客人不接受高价,则会因销量少而难以收回投资。所以这种定价策略比较适用于有鲜明特色且其他饭店在短期内难以仿制或开发的新产品。例如一些具有主题特色的豪华精品酒店,刚出现在酒店业市场时就把客房价格定得比较高,一个标准间往往要1500元左右每晚,通过这种定价策略就可以获得较高的营业利润,但是高价很容易导致入住率不高。

2) 渗透定价策略

渗透定价策略指是对新产品采取低价投放市场的策略,以便增加销量,扩大市场占有率。这种定价策略有利于尽快打开新产品的销路,争取产品迅速成熟完善,以提高产品的市场占有率;同时,还可以防止竞争者参与竞争。但这种定价策略不利于尽快收回对新产品的投资,影响产品后期的提价销售。例如,某些酒店推出新型的网络团购产品时,制定的房价几乎只有门市价的五六成,实施这种低价策略,以此来吸引众多的宾客,并期望形成一定的知晓度和影响力。

2. 心理定价策略

心理定价策略是饭店为了刺激和迎合宾客购买的心理特点,对产品价格进行一定的调整。常用的心理定价策略有以下几种。

1) 尾数定价

尾数定价又叫零头定价,指饭店确定的产品价格以零头为尾数,而不是以整数为尾数。例如,某饭店的标准间房价本来是300元,现在却定价299元,让宾客心理认为"这家饭店的标间只要200多元",其实和300元的价格只相差1元。

2) 声望定价

声望定价是指饭店有意识地把客房的价格定得很高,以此来提高客房和饭店的档次与声望。这种定价策略的依据在于，客人经常把价格的高低看作是产品质量的标志，所以，有些客人就把入住高档饭店和高档客房，作为彰显自己身份和地位的一种手段。

3）吉祥数字定价

吉祥数字定价是指饭店产品的价格采用与汉语中"发""顺"等吉祥字谐音或相关联的数字，从而满足宾客某种心理需求的一种定价策略。例如，饭店可使用888(发发发)元、168(一路发)元、568(我顺发)元作为客房的价格，以此来吸引宾客的眼球。

3. 折扣定价策略

折扣定价策略是饭店在明码公布的客房价格的基础上，给予宾客一定比例的折扣或优惠。常见的折扣定价策略有以下几种。

1）数量折扣

数量折扣是指根据宾客购买饭店客房产品数量的多少，实行一定比例的折扣。购买数量越多，折扣也就越大。数量折扣可分为累积数量折扣和非累积数量折扣。

(1) 累积数量折扣。这种数量折扣是指购买者在规定时间内，累积购买饭店产品数量达到一定数量时，给予的价格折扣。通常折扣随着购买数量的增多而增大。这种方式有利于建立饭店和客人之间长期固定的合作关系，稳定客源渠道，从而保证销售量的稳定增长。例如某公司和饭店签订协议，这家公司如果在一年内使用该饭店的客房数量达到1000间，饭店就给予20%的折扣；如果达到1500间，就给予30%的折扣，以此类推。

(2) 非累积数量折扣。非累积数量折扣是购买者一次性购买饭店产品达到一定数量或金额时，所给予的价格折扣。同样，购买数量越多，折扣越大。这种方式有利于鼓励和刺激购买者扩大购买量，同时可以减少交易成本。有时，这种数量折扣也可采用非价格折扣的方式，例如某旅行社的旅游团，一次入住饭店使用客房达到15间时，饭店就给予旅行社一间免费房，供司陪人员使用，或免费提供该旅游团的简易早餐。

2）季节折扣

季节折扣是饭店根据客房产品经营季节性波动较大的特点，在淡季给予客人的价格折扣。它有利于饭店的设施设备和服务在淡季可被充分利用，从而促进饭店的正常经营。

为了提高商务饭店周末的客房出租率和风景区度假饭店淡季的客房出租率，不少饭店加强了淡季促销活动，以此来吸引家庭旅游者来店居住。例如某些饭店制定了周末度假家庭特别房价，为了招揽客人，这类房价比正常房价要低得多。但是，在制定这类家庭房价时，饭店经营者必须进行仔细的分析研究，只有在降低房价会导致增加销量，而增加的营业收入额要高于所需变动成本时，实行这种折扣定价策略才是有意义的。

3）现金折扣

现金折扣是为了鼓励客人用现金付款或提前付款，而给客人一定价格折扣的优惠，以加快饭店资金的周转，减少资金的占用成本。许多饭店采用赊销的方法，但如果客人以现金付款或提前付款，饭店就可以给予他们一定的折扣。例如饭店通常在交易条款中注明"1/10，净30"，即客人在成交后10天内付款的话，就可以得到1%的现金折扣，但最迟也必须在30天内付清全部款项。饭店在采用现金折扣时，要规定好以下几个方面的内容：允许客人推迟付款的时间；折扣的大小；允许哪些客人赊购；对逾期未付款的客户应采取的措施等。

4) 同业折扣

同业折扣是饭店给予旅游批发商和零售商的折扣。例如，旅游目的地饭店给予旅行社的折扣房价和一定的佣金。同业折扣可以充分发挥中间商销售职能的作用，是稳定销售渠道的重要措施之一。

加强与旅行社的合作，是饭店经营活动的重要组成部分。饭店给予旅行社的折扣或佣金数额的高低，是决定这些旅行社是否向客人介绍某一饭店的重要因素之一。许多饭店制订了通过旅行社向客人进行推销的策略。饭店除了给予旅行社优先订房权外，还给予他们一定的佣金或折扣，具体做法各个饭店有所不同。但要注意的是饭店不能把净房价数额告诉客人。

总之，饭店实行折扣房价的策略，必须在事前做出计划安排。由于折扣的实行，会使饭店的平均房价下降，因此，饭店经营者必须根据本饭店的经营目标来决定饭店的房价结构，并仔细研究采用哪种折扣定价策略。折扣房价策略一经确定，就应当在实际中如实执行。如果情况发生了变化，饭店经营者应重新审议房价，制订新的定价策略。

3.1.2 房价的基本类型

房价有以下几种基本类型。

1. 门市价

门市价就是在饭店价目表上公布的各种类型客房的现行价格，也称原价、挂牌价或散客价。根据不同的计价方式，门市房价可分为下列几种类型。

1) 欧式计价

欧式计价是指饭店的客房价格仅包括房租，不含任何餐费。在通常情况下，只要饭店未向客人做特别说明的报价，均为欧式计价方式。世界各地的绝大多数饭店均属此类。

2) 美式计价

美式计价是指饭店的客房价格包括房租以及一日三餐的费用。美式计价形式曾一度被几乎所有的度假型饭店采用，但随着交通的发展，旅客的流动性增强，美式计价形式逐渐被淘汰，目前只有少数位于偏远地区的度假饭店沿用此种形式。

3) 修正美式计价

修正美式计价是指饭店的客房价格包括房租和早餐以及一顿正餐(午餐或晚餐)的费用。修正美式计价形式也称"半包餐"计价，它既可使客人有较大自由安排白天的活动，又能为饭店带来一定的效益。

4) 欧陆式计价

欧陆式计价是指饭店的客房价格包括房租及一份简单的欧陆式早餐(咖啡或茶、面包、果汁)的费用。欧陆式计价形式也称"床位连早餐"报价，此类报价形式较多地被不设餐厅的汽车旅馆所采用。

5) 百慕大计价

百慕大计价是指饭店的客房价格包括房租及一份美式早餐(咖啡或茶或牛奶、面包、蛋、肉类、谷类、果汁或水果)的费用。这种计价形式对商务旅客具有较大的吸引力。

目前，我国的酒店一般采取两种房价计价方式：一种是高星级酒店普遍使用的"含早"(包含早餐费用)房价，另一种是中低档酒店普遍使用的"不含早"房价，也就是欧式计价。且早餐一般都采用自助早餐的形式，提供的品种比较丰富，既包含了西餐的食品，又包含了中餐的食品，宾客可以自由选择。

小资料

表 3-1　2016 年第一季度全国星级饭店房价指标统计表

项目 星级	饭店数量 (家)	平均房价 (元/间夜)	平均出租率 (%)	每间可租房收入 (元/间夜)
一星级	87	124	46	57
二星级	2342	155	47	74
三星级	5354	217	47	102
四星级	2438	333	49	164
五星级	816	635	52	335
合计/平均	11037	335	48	163

数据来源：国家旅游局监督管理司

2. 追加房价

追加房价是在门市价格基础上，根据客人的住宿情况，另外加收的房费。通常有以下几种情况。

1) 白天租用价

白天租用价是指客人退房超过了规定时间，饭店向客人收取白天租用的费用。目前，大多数饭店规定，客人在中午十二时以后，下午六时以前退房，加收半天房费；在下午六时以后退房，则加收一天房费。

2) 加床费

加床费是指饭店对需要在客房内临时加床的客人加收的一种房费。

3. 特别房价

特别房价是根据饭店的经营方针或其他原因，对门市价格做出各种折让的价格。饭店日常采用的特别房价有以下几种。

1) 小包价

小包价是指饭店为有特殊要求的客人提供的一揽子报价，通常包括房租费及餐费、游览费、交通费等项目的费用，以方便客人做好预算。目前在网络团购产品中使用较多，多为"酒店住宿+周边景点"的小包价模式，比实际价格要便宜，如图 3.1 所示。

【常州】九洲喜来登豪华房+恐龙园门票2张

九洲喜来登豪华房+恐龙园票

¥**998** 门店价 ¥~~1988~~

图 3.1 美团网"酒店+景点"的小包价团购产品

2) 散客折扣价

散客折扣价是指饭店向常客、长住客或有特殊身份的客人提供的优惠房价。

3) 合同房价

合同房价也称批发价，是饭店给予中间商的优惠价。中间商销售饭店的客房要获取销售利润，为此与饭店确定散客和团队的优惠价，使他们在销售饭店产品后有足够的毛利，用来支付销售费用并从中获得利润。根据中间商的批发量和付款条件，饭店给予中间商不同的数量折扣和付款条件折扣。

4) 免费房

房价免费是指饭店在互惠互利的原则下，给予与饭店有双边关系的客人免费招待的待遇。免费的范围既可以是仅限房费，也可包括餐费。

 小资料

表 3-2 某五星级饭店房价表

房 价 表		TARIFF LISTING	
房间种类	房 价	Room Categories	Room Rate
标准间	RMB 680	Standard Room	RMB 680
大床间	RMB 580	King Bed Room	RMB 580
豪华标准间	RMB 1000	Deluxe Standard Room	RMB 1000
商务间	RMB 1300	Business Room	RMB 1300
普通套房	RMB 1500	Suite	RMB 1500
法式套房	RMB 4500	French Suite	RMB 4500
英式套房	RMB 7800	British Suite	RMB 7800
加 床	RMB 260	Extra Bed	RMB 260

- 房价需另加收 15%服务费。
- 若无定金或确切抵店时间，预订客房仅保留至当日下午 6 时，过时将自动取消。
- 退房时间为中午 12 时。
- 饭店受理的信用卡有美国运通卡、维萨卡、万事达卡、JCB 卡、银联卡。
- 房价如有更改，恕不另行通知。

- All rates are subject to 15% service charge.
- Reservation will be held until 18:00 unless advanced deposit is made or arrival time is noted.
- Checking out time is 12:00 noon.
- Accepted credit cards are AE, VS, MC, JCB, UnionPay card.
- All rates quoted are subject to change without prior notice.

3.2 对房型进行分类

3.2.1 按房间的布置划分

1. 标准间(Standard Room)

标准间是各类酒店中数量最多的房型，其典型特征是配有两张单人床，简称"标间"，某些酒店或旅游电子商务网站为让客人更具体地了解其床位配置，会直接表述为"双床间"，如图 3.2 所示。每个酒店的标准间一般都会达到 75%以上。房内摆放两张单人床，写字台上摆放宾客指南，另外配有空调、电视、台灯、沙发、茶几、衣架、备用被褥、衣柜，卫生间配有便器、浴缸、淋浴喷头、洗脸池，还备有毛巾、浴巾、地巾、漱口杯以及一次性的牙膏、牙刷、洗发液、沐浴液、浴帽、梳子等客用品。经济型酒店的标准间在房间面积和设施设备配置上，则较为简约，如图 3.3 所示。尽管不同酒店标准间的档次不一样，但构造都是基本相同的，标准间的平面图如图 3.4 所示。

图 3.2 高星级酒店的标准间

2. 豪华标准间(Deluxe Standard Room)

豪华标准间的面积大于标准间，房内的设施设备及客用品比标准间高档。豪华标准间如图 3.5 所示。

图 3.3 经济型酒店的标准间

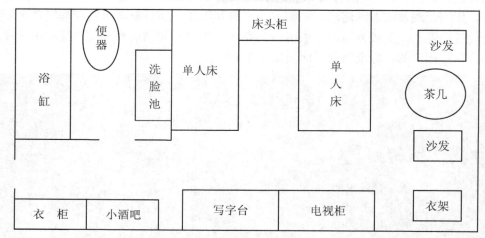

图 3.4 标准间平面图

图 3.5 豪华标准间

第3章 酒店房价、房型与房态

3. 大床间(King Bed Room)

大床间是指拥有一张大床的双人间,在各类酒店的占有比例仅次于标准间,除床外,房间面积与其他房内设施、设备和客用品的配备与标准间基本相同,如图3.6所示。

图3.6 大床间

4. 普通套间(Suite)

普通套间一般是连通的两个房间,一间布置为起居室,另一间为卧室。卧室内设两张单人床或一张双人床,这样的套间格局比较典型,适合家庭或商务客人使用。普通套间如图3.7所示。

图3.7 普通套间

5. 商务套间(Business Suite)

商务套间的面积一般比标准间略大，配有标准的办公桌、连接网络的液晶电脑、充足的照明设施，有些还带传真机、打印机、书柜等。商务间如图3.8所示。

图3.8　商务套间

6. 豪华套间(deluxe suite)

豪华套间内的设施设备豪华齐全，一般房间数及卫生间均在两间以上，有些还有会议室、书房。这种套间的特点在于注重客房的装饰艺术、布置氛围，用品配备齐全，功能完善，呈现豪华气派。豪华套间如图3.9所示。

图3.9　豪华套间

7. 总统套间(Presidential Suite)

总统套房的面积比豪华套间更大，一般由 5～7 间甚至更多的房间组成，设有男、女主人卧室及豪华浴室，还有起居室、会议室、餐厅、书房、随员房、保镖房、厨房等。它在饭店内独一无二。这种套间装饰布置极其讲究、华丽，有些还带有小型花园和小酒吧，通常在高档的豪华饭店内才配置这种房型。总统套间如图 3.10 和图 3.11 所示。

图 3.10　总统套间一

图 3.11　总统套间二

小资料

全球著名酒店总统套房价格

1. 法国戛纳马丁内斯酒店，楼顶套房 3.72 万美元/每晚

对于缺少阳光照射的欧洲人而言，夏季的戛纳就是天堂，戛纳电影节也是夏季的亮点之一。楼顶套房位于酒店 7 层，它的阳台上可以看见地中海的美景。

2. 瑞士日内瓦威尔逊总统酒店，豪景套房 3.5 万美元/每晚

独立电梯直达套房，所有房门和窗户都是防弹设计，从多个方向可以看到日内瓦湖全景。

3. 希腊雅典 Lagonissi 大酒店，皇家别墅 34088 美元/每晚

别墅拥有装备齐全的健身房和厨房，还有宽敞的起居室和餐厅。

4. 意大利撒丁岛 Cala di Volpe 酒店，总统套房 27277 美元/每晚

套房阳光充足，拥有一个室外海水池、一个私人观景亭和阳光浴室。

5. 法国巴黎雅典娜广场酒店，皇家套房 17494 美元/每晚

这里可以看见埃菲尔铁塔和著名的蒙塔涅大街。套房保卫措施严密，除了阳台上安装有监视器以外，入口处还安装了指纹识别系统。

6. 加勒比海安圭拉岛 Altamer 酒店，"非洲蓝宝石别墅" 套房 11428 美元/每晚

别墅拥有管家、佣人和私人厨师，还有一个练习潜水的潟湖。

7. 中国香港洲际酒店，总统套房 11183 美元/每晚

套房总面积达 650 平方米，可以眺望维多利亚湾夜色。

3.2.2 按房间的位置划分

1. 内景房

内景房是指房间窗户朝向饭店内院的客房。

2. 外景房

与内景房相对的是外景房，外景房是房间窗户朝向街道、公园、大海、湖泊等景色或景观的客房。

3. 角房

角房的位置一般比较偏僻，多数位于走廊、过道的尽头。由于建筑结构的原因，角房可能是不规则的房间，但角房一般较为安静，干扰少，也有不少客人会选择这种类型的房间。

4. 连通房

连通房是指相邻的两个独立的双人间通过中间的门相连。相连的房间可以作为套间出租，一间作为卧室，一间作为客厅；关系较好的客人也可租用这相连的两个房间，可以直接在房间内交流，而不用通过外面的走廊；若两个房间中间的门加锁，又可作为独立的两个双人间出租。

案例分析

某酒店预订员接到某旅行社电话，要求为客人预订一间套房，预订员根据客人抵达日期查询电脑后，确认有房，将房间设施和价格电告对方，并请对方发传真到预订部确认。对方发来的传真预订房间的数量由一个套间变为一个套间和一个标准间，并注明两间房为连通房。预订员由于没有看清客人的要求，为客人订了一个套间和与套间相邻的标准间。当旅行社的客人到店入住后，发现房型与预订要求不符，随后提出投诉。

【问题】通过本部分内容中"连通房"的学习，思考客人为什么要投诉？

【分析】酒店的对客服务只有保证每一个环节都不出差错，才能为宾客提供优质服务。上述案例中由于预订员在做预订的时候，就没有搞清楚客人的预订要求，因此，导致客人到店后的投诉。连通房是指房间相通，可以不经走廊在两室之间自由往来的房型。而相邻房是两间靠在一起，互不相通的房间。预订员应准确理解客人的预订要求，按照客人的房型需求做好预订工作，如果没有客人所需的房型，应及时与客人联系商洽。当客人入住后发现房型与要求不符，前台接待员应在可能的范围内尽量迅速为客人调换房间，争取满足客人的要求。

资料来源：职业餐饮网 www.canying168.com

3.3 获取并控制房态信息

3.3.1 房态的含义

房态(Room Status)，又叫客房状态、客房状况，是指对客房占用、清理或待租等情况的一种标示或描述。前厅接待服务质量，在很大程度上依赖于有效的房态控制。因此，建立适当的房态显示系统和保持准确的房态，是做好饭店客房销售工作和提高前厅接待服务质量的关键。为了保证房态信息正确，饭店各相关部门必须具有高度的责任心。同时，有必要借助于一定的房态显示设备才能了解房态信息。

3.3.2 房态的主要类型

1. 住客房

住客房(Occupied room，简写 OCC)，又称实房，是指已有客人入住的客房。

2. 走客房

走客房(Check-Out room，简写 C/O)，又称走房。指客人已经退房，但服务员还未清扫的客房，此类房间不可给客人入住。

3. 空房

空房(Vacant room，简写 VAC)，又称 OK 房。指客房已经打扫干净，并通过客房领班的检查，随时可以出租的客房。

4. 维修房

维修房(Out Of Order room，简写OOO)，又称坏房。指房间内的设备设施发生故障或正在更新改造，暂时不能出租的客房。

5. 预订房

预订房又称保留房(Blocked room)，是饭店内部掌握的一种客房。饭店会为一些大型的团体预留他们所需的客房，同时还有一些客人在预订客房时，常常会指明要某个房间进行预订。

知识链接

"请勿打扰"和"请稍后"

请勿打扰房(Do Not Disturb，简写DND)，是住客为不受干扰，在房门外的把手上悬挂"请勿打扰"牌，或者打开墙壁上的"请勿打扰"指示灯，客房服务员则不会打扫客房或提供其他客房服务。而有时候客人只想在短时间内不受打扰，有些人性化的酒店则还会在卫生间或其他地方配置一个"请稍后"的指示灯，客房服务员则会在稍后提供相关服务。

3.3.3 房态的显示方法

1. 用房态显示架显示房态

房态显示架一般是格子状的卡片架。在以手工操作为主的小型饭店，前厅部通常使用其来显示房态。格子按饭店的房间号码顺序排列，每间客房在房态显示架上都有相应的一格。接待员可以用不同颜色的卡片表示不同的房态，如绿色卡片表示空房、红色卡片表示住客房等，并将之插在相应格子里，显示不同的客房状况。客人入住时，接待员插入表示实房的卡片，并注明客人的相关信息；客人退房后，接待员换上表示走客房的卡片；客房卫生清扫完毕并检查后，再换上表示空房的卡片。用这种方法显示房态较为直观，但有时会由于员工疏忽导致房态更新不及时。因此，客房楼层还要有一份准确的房态报表，定时向前台接待处呈递，以使其及时更新房态。

2. 用电脑系统软件显示房态

饭店在前厅部接待处、客房部客房服务中心都配有联网的电脑终端，通过电脑系统，可以了解和传递有关房态的信息。用电脑系统软件来显示房态是目前较为先进的一种方法，它越来越多地被许多饭店采用。接待员将客房出租后或是给客人办理结账退房手续后，电脑系统会自动更改该房的房态，而无须再口头或用表格通知相关部门更改房态；当客房正在卫生清扫或是检查完毕可以出租后，客房部主管可以利用客房服务中心的电脑系统直接更改房态，也无须用表格形式向前厅接待处呈递房态报表。电脑系统的使用，加快了饭店各部门内部沟通的速度，使房态的更新更为及时，工作效率也大大提高，而且最大限度地避免了工作失误。前台管理系统软件房态显示图如图3.12所示。

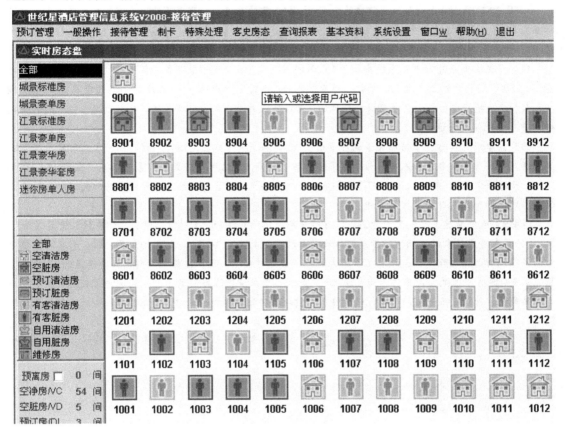

图3.12　某酒店前台管理系统软件房态显示图

3.3.4　房态的转换

饭店客房的状态随着客人入住和离店等活动进行着不同的转换，如图3.13所示。

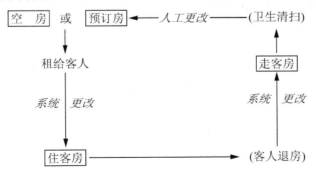

图3.13　房态转换图

案例分析

12月30日晚上,上海某酒店前台员工小刘,按正常的入住登记程序为外地来沪的客人王先生入住了标准间8007房,但王先生入住后发现该房间是"脏房"(这里指走客房,有客人入住过,但未打扫清洁的房间),于是立即打电话到前台反映情况。

前台员工小刘立即给王先生换房,为了表示酒店歉意,酒店大堂副理拿着新房卡亲自来到王先生暂时所在的8007房间,向王先生表示道歉,并亲自为王先生提送行李换到离8007房不远的豪华标准间8012房,由于这个换房工作是做了免费升级处理的,房间的设施及窗外景色都很棒,再加上大堂副理的热情接待,王先生也就不再追究。

回到前台后,前台主管协助大堂副理查出:8007房是下午办理的退房手续,由于客房部的员工没有互相交接好,导致客房中心人员认为此房已经打扫干净了,就主观臆断更改了房态,将"脏房"(走客房)改为"干净房"(OK房)。大堂副理得知详情后,将此事报给了客房部经理,要求客房部经理加强对员工的教育培训和部门内部沟通协调工作。

【问题】我们从这个案例可以看出,前厅对房态信息的掌握和控制对对客服务工作有什么重要作用?

【分析】房态信息的准确性对酒店前厅和客房的营运至关重要,牵一发而动全局,前台和客房服务中心必须准确标注房态信息,必须和客房服务班组认真核对房态,任何主观臆断都是极其错误的。"卖走客房"在酒店服务中是最为严重的工作失误之一。此案例中大堂副理娴熟的工作技能及时有效地补救了酒店工作的失误,扑灭了王先生的怒火,这就要求大堂副理在处理投诉的同时,能把握客人心理,掌握一定的技巧。

资料来源:三亚理工职业学院网站 www.ucsanya.com

学习小结

本章列举了酒店房价的基本类型、酒店的各种客房定价策略,以及按各种标准划分的客房类型等内容,要求学生能熟练地画出标准间客房的平面图,掌握房态的定义和主要类型,并能阐述房态是如何进行转换的。

【思考与实践】

1. 走访学校附近的三星级以上酒店,查看房价并分析其所采用的定价策略。
2. 门市房价有哪些种类?每一种房价包括哪些费用?
3. 假设现在由你制定一家四星级酒店的房价表,你会采取哪种定价策略?为什么?
4. 通过图书馆或网络资料,查找标准间布局的历史由来。
5. 按房间的布置划分,客房有哪些类型?
6. 请画出标准间的平面图。

7. 若学校专业机房装有前台管理系统软件，练习操作时请仔细观察软件中的房态图是如何显示房态的。

8. 房态有哪些类型，每一种房态分别代表什么房间状况？

9. 口头阐述在一定条件下房态是如何进行转换的。

第4章 预订客房

本章概要

- 客房预订的方式
- 客房预订的类型
- 预订前的准备工作
- 受理客房预订的程序
- 预订的变更与取消
- 考虑超额订房的主要因素
- 超额订房过度的处理办法

学习目标

- 掌握几种常见的客房预订方式
- 熟悉每种预订方式的操作要点
- 掌握常见的几种客房预订类型
- 熟悉保证性预订的几种支付方法
- 掌握受理客房预订的程序
- 熟悉预订变更与取消的操作要点
- 熟悉超额订房过度的处理办法
- 掌握确定超额订房数量应考虑的主要因素

第4章 预订客房

案例导读

2014年酒店用户预订行为调查报告(部分)

1. 网络预订成最重要预订方式

在预订方式上，51%的用户选择电脑作为预订方式，选择"直接到店入住，不预订"的占17%，通过手机预订的占16%，电话预订和旅行社预订分别占12%和4%，如图4.1所示。

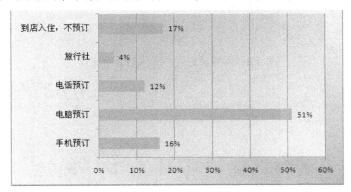

图4.1　预订酒店的主要方式统计图

从中国酒店营销的发展脉络来看，大致可分为"酒店直销——旅行社代理——网络代理"等几个阶段。调查显示，通过旅行社进行预订的只占4%，这正是酒店营销互联网化快速发展的侧面体现。超过三分之二的用户选择网络订购(包括电脑和手机)，足见互联网的发展和普及对消费者，特别是年轻消费群体消费习惯的巨大影响。同时，也可看出移动互联网时代的到来，进一步催生了手机预订消费群体的兴起。相关资料显示，携程旅游在2013年8月份，手机端酒店预订交易占比峰值就已突破40%，超过PC端和呼叫中心的订单占比(各约30%)。从未来的发展趋势来看，通过手机进行预订的用户比例仍将会大幅度增加，而旅行社、酒店如能在这方面尽早展开布局，将极大地影响自身的未来发展。如果从经济成本的角度来考虑，"直接到店入住，不预订"的方式是最不划算的。但考虑个体情况的特殊性，比如突发有事以及个人生活习惯偏好等，导致这种预订方式有一定的群体存在。电话预订相对来说也是一种比较方便快捷的方式，因此也有一定的群体存在。

2. 携程、去哪儿网领跑网络预订

在采用网络预订的群体中，通过携程进行预订的人数最多，占比37%；通过去哪儿网进行预订的占31%，名列第二；通过酒店官网预订的用户占16%，其余用户则分布在艺龙网、同程网、Agoda、穷游网等二线OTA网站，如图4.2所示。

携程作为中国最大的在线旅游企业，通过多年的有效经营和管理，树立了行业内的龙头地位，并产生了巨大的品牌效应，占据了市场中较大的份额。近年来更是利用在Web端的长期积累，携渠道、资金、技术等优势迅速布局酒店预订APP市场。去哪儿网通过提供比价及实时房源信息服务为消费者带来了极大的方便，特别是对那些经济并不富裕的客户群体来说，通过去哪儿网进行比价可以获得非常实惠的酒店入住价格。鉴于一些用户对酒店官网的信赖，直接通过官网预订也占了一定的比例，比如7天的官网预订就占绝大多数。

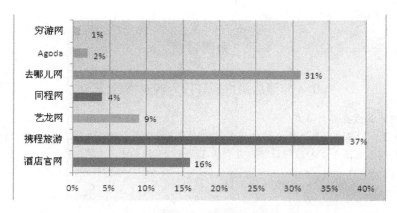

图 4.2　网络预订用户的网站选择统计

资料来源：迈点网 www.meadin.com

4.1　选择一种联系方式预订客房

客房预订是指客人在抵店前与酒店预订部门所达成的订约，即客人通过电话、信函、互联网等方式与酒店联系预约客房。而酒店则根据自身客房的可供应状况，决定是否满足客人的订房要求。这种预订一经酒店的确认，酒店与客人之间便达成了一种具有法律效应的预期使用客房的协议，根据此协议，酒店有义务以预订确认的价格为客人提供客房。

客房预订是酒店前厅部的一项重要业务内容，积极有效地开展预订业务，既能够满足客人的订房要求，又可以促进酒店客房的销售。因此，对于酒店来说，开展客房预订业务有着积极的意义。

4.1.1　电话预订

客人通过电话与酒店联系订房比较普遍，它不但简便、快捷，而且能够使双方达到迅速有效的沟通，清楚地传递双方的信息。宾客通过电话订房，可以立即了解到酒店是否有自己满意的房间，房间是否合适；预订员也可以了解宾客的订房要求、付款方式、抵离日期、特殊服务要求等，并适时进行电话营销。同时应该注意不能让对方久等，如不能立即给与答复，应请对方留下电话号码，并确认再次通话的时间。通话时语言表达应规范、简练和礼貌。预订员必须做好及时完整地记录，通话结束前应重复客人的订房要求，当即核对，避免差错。

知识链接

近年来，受付电话(Collect call)业务和免长途的市话业务发展迅速，并成为国际和国内酒店进行促销、扩大预订业务的非常简便的订房方式。如 800 免费预订热线(手机不可拨打)、400 市话预订热线,既省时、快捷,又减少了消费者的费用,方便客人进行预订。

4.1.2 传真预订

传真是现代通信技术的新发展,目前正广泛地得到使用。其特点是:传递迅速、即发即收、内容详尽,并可传递传送者的真迹,如:签名、印鉴等,还可传递图表,并且操作方便,不容易出现订房纠纷。所以传真是当今酒店与客人进行订房联系的最理想的通信手段。

4.1.3 现场预订

现场预订即客人直接来到酒店,当面与酒店的预订员面对面的洽谈订房事宜。这种订房方式可以使预订员有机会更详细地了解客人的需求,并能当面回答客人提出的任何问题。同时,也能使预订员有机会运用销售技巧,必要时,还可通过展示客房来帮助客人做出选择。

对于客人的当面现场预订,订房员应注意以下事项。

(1) 仪表端庄、举止大方,讲究礼节礼貌,态度热情,语音和语调适当、婉转。

(2) 把握客户心理,运用销售技巧,灵活地推销酒店的其他产品。必要时,还可向客人展示房间及酒店的其他设施与服务,以供客人选择。

(3) 在旺季,对于不能确定抵达时间的客人,可以明确地告诉客人预订保留到何时(通常是当天 18:00)。

上述三种方式均属于传统式预订,其优缺点比较如图 4.3 所示。要消除这些缺点,获得更为形象、具体、便捷、价廉的酒店客房预订效果,唯有通过信息化预订。

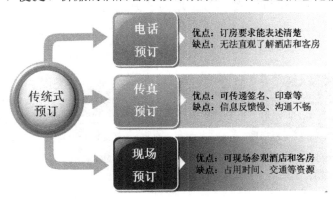

图 4.3 传统式预订比较

通过网络,利用旅游电子商务网站进行信息化预订,是当前国际上最先进的订房方式。随着网络、计算机和智能手机等电子产品和技术的推广和使用,人们办公和生活方式的变化,越来越多的游客开始采用这种方便、快捷、先进、廉价的方式进行客房预订。同时网络上的信息资料图文并茂,客人可以对酒店可以有更多的直观了解,包括地图中的位置、房间和酒店设施照片、周边交通信息、住客评价等内容。信息化预订的途径如图4.4所示。

图 4.4　信息化预订的途径

4.1.4　酒店官网预订

酒店官网预订是指利用酒店或连锁酒店集团的官方网站进行预订，如在金陵集团、喜来登集团、华住集团(含汉庭酒店等)、如家集团(含如家酒店和莫泰168酒店)等官网预订。根据客人的不同会员级别，客人可享受不同的优惠幅度，这也是酒店培养客人忠诚度的一种有效方式，缺点是集团的连锁酒店不可能遍布各地，客人仍会选择其他酒店入住。

4.1.5　中间商网站预订

中间商网站预订是指利用含有订房业务的旅游中间商电子商务网站来进行预订，如在携程网、去哪儿网、同程网、艺龙网等中间商网站预订(如图4.5所示)。客人可以搜索到出行目的地附近的各类酒店，而不是仅局限于某连锁集团的酒店。这种营销方式对酒店来说也是增加知名度和提高入住率的重要手段，其缺点是酒店通过中间商网站每成功销售一间客房，就得支付一定比例的佣金给网站，增加了销售成本。

图 4.5　携程网预订上海某酒店界面

4.1.6 团购网站预订

团购网站预订是指利用综合性的网络团购电子商务网站来预订住宿类产品的酒店客房，如美团网、百度团购、拉手网、糯米团、大众点评网等。这种预订方式的优点是价格比其他电子商务网站更便宜，缺点是只能搜索到小部分酒店，且必须预付房费。

4.1.7 移动端 APP 预订

移动端 APP 预订，是指利用安装在智能手机或其他电子产品中的酒店或中间商的官方应用软件客户端，或利用酒店的微信公众号进行客房预订。这种预订方式除了能显示基本的酒店和客房信息外，最大的特点就是 App 软件可以根据客人的不同地理位置，定位客人周边可预订的酒店，甚至还可显示剩余房数，如图 4.6 所示。

图 4.6 某酒店集团的手机 APP 预订界面

迅猛发展的移动端酒店预订

移动端酒店预订方式目前主要有第三方预订平台 App、酒店官方 App、微信平台酒店预订，从迈点网调查数据显示(如图 4.7 所示)，第三方预订平台 App 酒店预订占比 64%，酒店官方 App 占比 32%。微信平台酒店预订占比 4%。从数据中可以看出第三方平台 App 酒店预订居于首位，这跟携程、去哪儿等第三方预订网站市场占有率高也有很大的关系。

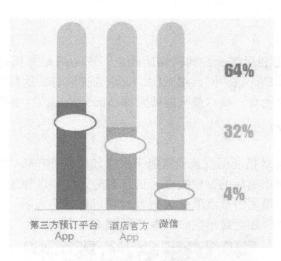

图 4.7　移动端预订的方式占比

在使用移动端酒店预订的原因调查中(如图 4.8)，移动端 App 使用方便简单的占 51%，25%的用户房间预定价格优惠，20%的用户因移动端 App 功能齐全，其他原因的占到 4%。

图 4.8　移动端预订的原因占比

App 界面清晰明了，上面所涵盖的信息既实用又有针对性；而网站容易受广告以及不相关信息的干扰，不仅耗费额外流量也影响消费者心情。此外，App 功能相对更为齐全，一些无法在网站完成的操作通过 App 可以轻松实现，并能快速锁定目标。良好的用户体验能有效提升消费者对 App 的忠诚度与依赖性。

资料来源：迈点网 www.meadin.com

4.2　确认客房预订的类别

尽管客人预订时采取不同的联系方式，但通常根据客人是否支付定金，可以将各种预订归纳为临时性预订、确认性预订和保证性预订三种类型。

4.2.1　临时性预订

临时性预订是客房预订种类中最常见、最简单的一种预订。临时性预订是指客人的订房日期与抵店日期非常接近,甚至在抵达酒店当天才联系订房。由于时间紧迫,酒店一般没有足够的时间去给客人邮寄确认函,同时也无法要求客人预付定金,只能进行口头确认,这种预订通常由总台接待处受理。接受此类预订时,要问清客人抵店航班、车次及时间,重复客人的订房要求,让客人核对。尤其要注意提醒客人,酒店通常将房间保留至当日下午 18:00,超过 18:00 酒店有权将房间出租给其他客人。

4.2.2 确认性预订

通常是指饭店以书面形式确认过的预订,或客人已经以口头或书面的形式对预订进行过确认。通过旅游电子商务网站进行的信息化预订,饭店通常以发送给客人手机短信的形式予以确认。在这种情况下酒店承诺为客人预订并保留客房至预订日期的 18:00 或某一事先约定的时间。这是经常采用的一种比较重信誉的预订方式。若客人在规定的时间未到达,也没有提前与酒店联系,在用房紧张时期,酒店有权将保留的客房出租给未经预订而直接抵店的客人。

4.2.3 保证性预订

指客人通过预付定金保证前来住宿,否则将承担经济责任,目前主要用于团购网站的酒店客房预订。因而酒店接受此类预订后,在任何情况下都应保证预订的落实。保证性预订可以有三种支付方法。

1. 预付款担保

预付款担保是指客人通过交纳预付款而获得酒店的订房保证。酒店应该事先向客人说明取消预订、退还预付款的政策及规定,并保证按客人的要求预留符合规定的房间。从酒店的角度来讲,收取预付金是最理想的保证性预订方式。假如客人预订住房时间在一天以上,并且预付了一天以上的房租,但届时未取消预订又不来人住,那么,酒店只应收取一天的房租,把余款退还给客人,同时,取消后几天的订房。

酒店为加强预付金的管理,要提前向客人发出支付预付金的确认书,说明酒店收取预付金及取消预订等的相关政策。

2. 信用卡担保

随着国内各大银行普遍发行信用卡,大多数人已经拥有一张或多张信用卡的情况下,客人还可用信用卡做担保预订酒店客房。客人需将所持有的信用卡种类、号码及持卡人姓名、有效期等以书面形式通知酒店,酒店通过相关银行机构验证其信用卡得有效性,这样,如果客人届时既未取消预订,也不来登记入住,酒店就可以通过发卡银行收取客人一夜的房租,以弥补酒店的损失。

小资料

按照"美国运通公司"(American Express)的"订房担保计划",运通卡的持有人若要订房,则打电话到酒店提出订房要求,并告诉酒店自己的姓名和信用卡号码,说明是美国运通卡担保订房即可。酒店据此为客人保留客房至入住时间,如客人届时未到(也未通知取消预订),则酒店可依据客人的信用卡号码、姓名以及酒店的"担保订房——未到人住(No Show)"记录向美国运通公司收取相应的房费,以弥补酒店的经济损失。

3. 合同担保

这种方法虽不如预付款和信用卡那样被广泛使用,但也不失为一种行之有效的订房担保方式。它是酒店与有关公司、旅行社等单位就客房预订事宜签署合同,依此确定双方的利益和责任。合同主要内容包括签约单位的地址、账号以及同意为未按预订日期抵店入驻的客人承担付款责任的声明等。同时还应规定通知取消预订的最后期限,如果签约单位未能在规定的期限内通知取消,酒店将按照合同的约定收取相应的房费。

保证性预订既保证了满足宾客对住房的需求,维护了客人的利益,同时也维护了酒店的利益。因此,它对酒店和客人双方都是有利的。但需要让客人理解的是,由于酒店为他们保留的房间无法再出租给其他人,所以即使他们未使用,也需要支付相关的房费。

案例分析

张总18号上午通知小王下午赶往北京参加一个重要的招标会,随后在北京考察一些合作的业务单位,小王赶忙打电话给北京的某五星级酒店预订三天的房间。酒店的电话预订员接受了小王的预订,并明确告知小王由于现在是奥运期间,北京的客房非常紧张,小王必须要在18号18:00前去该酒店办理相关的入住手续,否则酒店无法为其保留客房。由于小王在抵京后直接前往招标现场,没有和酒店确认当晚的入住事宜,而且由于电池没电,手机一直处于关机状态,酒店一直无法和小王取得联系。等小王晚上22:00左右前往酒店的时候,酒店告知所有的客房已经卖光了。虽然小王进行了电话预订,但是没有在规定的时间前往酒店办理入住手续,所以酒店有权对已经临时性预订但客人未入住的客房进行销售。酒店大堂经理在问清情况后帮小王在附近地区酒店找了间客房以解决小王的燃眉之急。

【问题】在这个案例中,酒店是否应该为小王保留房间?

【分析】在这个案例中,小王采取的是临时性预订,酒店前台在接受预订的时候也明确告诉小王必须在当日18:00前到达,但是由于小王没有按时达到,且酒店无法和小王取得联系,所以酒店取消小王的临时性预订没有任何不对之处。但是出于对客人的关心,酒店帮助小王寻找附近地区酒店住处的做法是非常人性化的。

资料来源:职业餐饮网 www.canyin168.com

4.3 客房预订操作

客房预订业务是一项技术性较强的工作,如果做得不好,就会影响酒店对客服务的质量和整个酒店的信誉。因此,为了确保预订工作高效有序地完成,酒店必须建立科学的工作程序。客房预订的程序可以分为以下几个阶段。

4.3.1 预订前的准备工作

俗话说"知己知彼，百战不殆"，预订工作也是如此，只有提前做好准备工作，才能给每一位订房客人迅速而准确的答复，从而提高预订工作水准和效率。

1. 岗前准备(如图 4.9 所示)

(1) 预订人员要按照酒店规定的规范和要求上岗，做好交接班工作。在接班时仔细察看上一班次预订资料，问清情况，掌握需要处理的优先等候的、列为后备的和未收取定金等一些不准确的预订名单及其他事宜。

(2) 检查计算机等设备是否完好，准备好预订单、预订表格等各种资料和用品，摆放整齐规范，临时接受预订时，避免手忙脚乱等现象发生。

图 4.9　客房预订岗前准备

2. 预订的可行性掌握

预订人员上岗后，必须迅速掌握当日及未来一段时间内可预订的客房数量、类型、位置、价格标准等情况，对可预订的各类客房要做到心中有数，以保证向客人介绍可订房间的准确性。

4.3.2 受理预订

有订房要求的客人往往通过上述的电话、传真、信函、面谈以及互联网等方式向酒店前厅预订处提出订房要求。在接到客人的订房请求后，预订员应迅速查看有无空房，是否符合客人的订房要求，才能决定是否接受客人的预订请求。而预订处是否接受客人的订房请求，通常需要考虑四个方面的因素：抵店日期、客房种类、用房数量、住店夜次。

掌握了这些信息，预订员就可以判断客人的订房请求与酒店可供客房状况是否吻合，从而决定是否接受客人的预订申请。

受理预订就意味着对预订客人的服务工作已经开始，预订员要填写"客房预订单"，并根据预订程序从事下一阶段确认预订的工作。

填写客房预订单时,要认真地逐栏逐项填写清楚,并向订房人重复其主要内容。因为这是最原始的订房资料,一旦出现错误将会导致今后一系列工作的失误。

因此,在预订单中通常印有客人的姓名、国籍、地址、联系电话、抵离店日期及时间、房间类型、房间数量、房价、付款方式、餐食标准、订房人的工作单位与联系电话、特殊要求以及受理预订的日期、预订员姓名等内容。客房预订单见表 4-1。

表 4-1 客房预订单

Reservation Form

Sales & marketing Dept
Fax No
( )New Booking 新预订( ) Amendments 更改( ) On Waiting Listing 等候 ( )Cancellation 取消

Guest Name 顾客姓名	No. of rooms 房间数量	Room Type 房间种类	No. of guests 客人数量	Rate 房价	Company Name 公司名称

Original Arrival Date 预计到店时间:_____   Original Departure Date 预计离店时间:_____
New Arrival Date   新到店时间:_____   New Departure Date 新离店时间:_____
Arrival Flight   到店航班:_____   Departure Flight   离店航班:_____
Billings: ( )ALLC 全付   POA   ( )ROOM ONLY 只付房费
付款方式: ( )RMABF 房费含早餐   自付   ( )TLX/FAX/ATTI 已到电传/传真/信件
Remarks 备注:_____

Contact Name 联系人姓名:_____   Company Name 公司名称:_____
Telephone Number 联系电话:_____   Fax Number 传真号码:_____
Taken By   预订人:_____
Date Taken 预订日期:_____

4.3.3 确认预订

在接受客人的订房要求之后,只要有足够的时间,预订处都应对客人的预订进行确认。预订确认主要有两种形式,即口头确认和书面确认。口头确认一般通过电话确认,即将上一个工作流程所接受的预订,在与客人联系时予以认可和承诺。如果条件允许,酒店一般要向客人寄发预订确认书(见表 4-2),以书面形式与客人确认预订的各项内容。

表 4-2 预订确认函

客人姓名: GUEST NAME:		人数: NO. OF PERSONS:
到达日期: ARRAVIAL DATE:	航班号: FLIGHT NO:	离店日期: DEPARTURE DATE:
房间类型: TYPE OF ACCOMMODATION:		房价: RATE:
备注: REMARKS:		
请将订房确认书交与接待处 Please present this confirmations to the reception desk		
公司: COMPANY:		致: ATIN:
地址: ADDRESS:		电话号码: TEL.NO.
注意:预订客房将保留至当天 18:00,迟于 18:00 到达的宾客,请预先告知。若有任何变动,请直接与本酒店联系。 NOTE: Your room will be held until 18:00.Unless later arrival time is specified. Should there be any changes, please contact the hotel for adjustment.		
确认者: CONFIRMED BY:		日期: DATE:

书面确认不仅仅是复述客人的预订要求,同时也向客人陈述了价格、定金、日期、取消预订及付款方式等相关规定和政策。书面确认比较正式,实际上是酒店与客人之间达成协议的书面凭证,确认书同时也在酒店与客人之间达成了某种书面协议,因而对于客人有一定的约束力,有助于酒店提前占领客源市场。确认的内容包括以下四点。

(1) 复述客人的订房要求。
(2) 与客人就房价和付款方式达成一致意见。
(3) 说明酒店有关取消预订的政策和规定。
(4) 欢迎客人下榻并表示感谢。

总之,书面确认比较正式。对于大型团体、重要客人,特别是一些知名人士、政府官员、国际会议等订房的确认函,要由前厅部经理或者酒店总经理签发,以示尊敬和重视。

4.3.4 预订记录存档

在办理完客人的订房工作后,预订员要把原始预订单的内容输入电脑,以便对订房情况进行统计、存档和制作报表。预订资料是客史档案的依据,通常包括客房预订单、确认书、交付定金收据、预订变更单及客人的各种原始订房资料等。预订资料的存放可以按日期进行存档,即按客人抵店日期的顺序排列存档,这样便于掌握某一个时间段的预订房间数量和客人数量。如果订房资料已经输入电脑,计算机会根据客人的抵店日期自动编号,如

"20110713001"是指2011年7月13日预计到店的第一批客人。也可以按英文A～Z字母顺序存放，根据客人姓名的第一个字母顺序，可以很方便地查找客人的订房资料。预订员要把全部订房资料装订、归类存档，注意每次将最新的资料放在最前面，以便查阅。

4.3.5 预订的变更与取消

从客人的订房要求被酒店确认到客人抵店前这段时间，仍有可能出现预订变更甚至取消订房的情况。预订变更指的是客人在抵店之前出于某种原因临时改变预订的日期、房间数量和类型及其他要求等，甚至取消原来的预订。取消预订是酒店不愿意看到的事情，在处理时要特别注意态度问题。因此，预订员应同样地礼貌待客，提供快捷的服务，表现出极大的热情接待客人。据有关资料表明，取消预订的客人90%在今后的旅行活动中都会考虑在原酒店预订客房。在处理预订变更或取消时应注意以下几方面问题。

(1) 预订员接到预订变更通知时，要问清客人或联系人姓名、单位、电话号码等。

(2) 迅速查看电脑，是否能够满足客人的变更要求。

(3) 填写"预订变更通知单"或"预订取消通知单"，不要在原预订单上涂改。

(4) 从存档资料中找出原预订单，并作相应的更改或注明"取消"后存档；如果使用电脑管理预订资料，则要对已录入资料作相应修改。

(5) 如果原预订要求已通知其他部门，则立即给相关部门发送"变更"或"取消通知单"。

(6) 尽量简化手续，如果客人取消预订，预订员也应同样热情和耐心，向客人表示抱歉和惋惜，并表示希望今后有机会能够再次为客人服务。

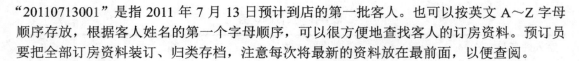

案例分析 4.1

"十一"黄金周期间，两位外地游客来到某大酒店的大堂。"小姐，请给我们查一下我们的预订。""先生，你们只预订了一天的标准间，是吗？"前厅服务员小刘查阅了一下预订单便对客人说。"公司为我们预订的客房明明是三天，怎么现在变成了一天呢？"客人听了很不高兴。"这两天是旅游旺季，现在房间特别紧张，当时已经跟你们公司说过了，他们也同意了。"小刘仍用呆板的、毫无变通的语气说。"我根本没有兴趣也没有必要去追究预订客房差错的责任问题。你们必须要解决我们的住宿问题，反正明天我们不走，你们看着办吧。"客人说罢更加恼火了，大声吵了起来。正当小刘与客人形成僵局之际，大堂副理闻声赶来，首先他让客人慢慢地把要求说完，"你们的要求是正确的，眼下追究责任并不是主要的。不过这几天正是旅游旺季，双人标准间也很紧张，你看这样行不行，我设法安排一间套房，请你们明后两天继续住在我们酒店，虽然套房房价要高一些，但设备条件非常不错。"大堂副理以抱歉的口吻说。"那怎么行，说好的又要变，开黑店啊。"客人不满意地说。"对不起先生，实在是非常抱歉，这样吧，以我的权限，我给你们打个八折好吗，对比您现在的房价差100元。"大堂副理继续以商量的口吻说。"那就这样吧。"客人觉得这位大堂副理的态度是诚恳的，提出的补救办法也可以接受，于是点头同意了。

【问题】小刘的行为有哪些不对的地方？大堂副理的做法有哪些值得学习的？在订房的过程中，我们有哪些方面需要注意的？

【分析】本案例中的新员工小刘在处理客人反映的意见时，似乎忘了处理投诉时应遵循的一个基本原则，即：着眼于问题的解决，而不是责任的追究。看来小刘酒店服务理念的理解还有一定差距，对工作也还有一个适应的过程。酒店应加强对新员工服务意识方面的培训与教育。

值班经理的处理办法之所以能够让客人满意，一方面是因为他以诚恳的态度认真听取了客人的意见，使客人心中的火气慢慢冷却，为进一步处理打下了一个较好的心理基础；另一方面，他及时采取了补救措施帮客人解决了住宿问题，并以套房打折给了客人一种心理上的补偿。不仅解决了问题，还促销了高价客房。

酒店订房记录与客人要求有差距，是顾客到达酒店前最容易出现的问题之一，本案例中出现的问题，酒店负责订房的人员有一定的责任。因为当酒店不能满足客人提出的订房要求时，应要求订房者特别是中间人，一定要把订房情况以书面形式及时反馈给客人，让客人提前有心理准备，以免临到住宿时客人不能接受意外的安排，引起投诉和不满。

资料来源：职业餐饮网 www.canyin168.com

4.4 考虑超额订房

由于酒店业市场竞争的存在，以及地理、气候等客观因素，酒店会出现不同程度的销售旺季、淡季，并对酒店经济效益和社会效益产生影响。对于预订员来说，在销售旺季时要做到保持客房的最佳出租率，同时又不失酒店信誉；在销售淡季时，努力提高客房的出租率。

4.4.1 超额订房控制

在客房预订过程中．几乎每天都会有房间预订未到的情况发生。这对一些出租率不是很高的酒店来说，影响不是很大。而对那些常年出租率都很高的酒店来说就是一种损失，也是资源的浪费。在当今竞争激烈的酒店业市场环境下，酒店不可能要求客人做到百分之百精确的预订，但当某种房出租率预计超过100%时，可以通过增加订房数量，弥补种种原因取消预订造成损失的措施来加强自我保护，最大限度地减少酒店的损失。

所谓超额预订是指酒店在订房已满的情况下，再适当增加订房的数量，以弥补因少数客人临时取消预订而出现的客房闲置。目的在于充分利用酒店客房，提高出租率。由于种种原因，客人可能会临时取消预订，或出现"无到(No show)"现象，或提前离店，或临时变更预订要求等，从而可能会造成酒店部分客房的闲置，因此需要酒店进行超额预订，以减少损失。

超额预订是酒店经营管理者胆识与能力的表现，又是一种风险行为。因此，超额预订应该有个"度"的限制，以免出现因"过度超订"而使预订客人不能入住，或因"超订不足"而使客房闲置。这个"度"的把握是超额订房管理成功分与否的关键，它应是有根据的，这个根据来自于历史经验，来自于对市场的预测和对客情的分析。

通常确定超额订房数量必须考虑以下几方面的主要因素。

(1) 根据订房资料统计不同类别客人的数量和比率。一般情况下，酒店将超额预订率控制在 5 %～10 %为宜，如果超订比例过大，很可能出现客人到店而无房的情况，因此妥善控制超额预订的比例是很重要的，但这恰恰是难度最大的。5%～10%这个超额预订率的制订仅供参考，因为它是依据酒店以往的经验统计数据计算得来的。未来状况到底会怎样，还要考虑其他因素作具体分析。

(2) 掌握好团队和散客订房的比例。通常，团队订房的计划性较强，预订不到或临时取消预订的可能性较小，即使订房有变化，一般也会提前通知酒店。而散客订房的随意性较大，经常因各种原因不能如期抵店，而且往往不提前通知酒店。因此在现有订房中，如果团队预订多而散客预订少，那么，超订的比例就应小些；相反，如果散客订房多于团队订房，那么，超额预订的比例就应大些。

(3) 掌握好淡、旺、平季的差别。旺季客房供不应求，客人订房后取消的可能性较小，所以，超额预订的比例应小些。平季时的客人订房后取消或更改预订的可能性相对旺季来讲要大些，因此，平季的超额预订比例应大些。淡季一般不会出现客满的现象，因此不存在超额订房的问题。

(4) 掌握好预订提前量的多少。当客房已订满，酒店还想超额订房，要看预订提前量有多少。如果明天订满，超额订房就要慎重，因为离客人抵店只有一天时间，客人取消或变更预订的可能性相对较小。如果一个月后订满，超额订房比例就可以高些，因为一个月中客人取消或变更预订的可能性是比较大的。

(5) 考虑现有订房中各种订房所占的比例。如果现有订房都是保证类的，通常不能实行超额订房。保证类的订房较多，超额订房比例应小些；确认类的订房比例较高，超额订房比例应大一些；临时性订房的比例较高，超额订房比例应更大些。

(6) 统计分析各主要订房单位过去历年同期实到人数占订房人数的比例(即到达率，用来估计现在该订房单位实际的到达率)。

(7) 在接受预订时，应充分了解客人的信息。如问清客人入住酒店的具体时间、到达的航班号、火车车次及最晚保留时间，并请客人提供一个随时能联系上的通信方式，以控制预订的到达率。

(8) 超额预订不仅仅是可用房数的超出，还有一个房型的匹配问题，所以，总台人员在操作超额预订的当天，首先要做的是房型的匹配，然后才是房数的匹配。如当天的标准房已经超订了很多，但套间和大床房却无人问津，这就需要我们在为客人办理入住时，根据实际情况做适当的调整。客人是一位时，就可以为其安排大床房或建议客人改用单人房。当然，这对总台员工的素质、能力、语言技巧、自信心等都提出了更高的要求。

4.4.2 超额订房过度的处理方法

超额订房是订房管理艺术的最高体现，处理妥当会提高客房出租率，增加酒店的经济效益。但是超额订房的数量及超额预订率毕竟只是根据历史经营资料及人们主观分析的结果，因此，在实际酒店经营过程中，超额订房失败的案例也时有发生。如果客房超额预订工作操作失控，客人持有酒店的预订确认书，在预订时间内抵达酒店，酒店因客满而无法为他们提供所订住房，势必会引起客人的不满，甚至会影响酒店的声誉，酒店应对此负有全部责任。因为超额预订过度而使客人无法入住，就是酒店方的违约行为，所以，一旦发生这种情况，酒店必须采取积极的补救措施，妥善安排好客人，以消除客人的不满情绪，尽量挽回不良影响，维护酒店的声誉。

一般来说，酒店可以采取如下的补救措施。

(1) 诚恳地向客人说明原因，并赔礼道歉。预订客人如期抵店后，酒店没有空房，应由主管人员诚恳地向其说明原因，并赔礼道歉。如有必要，可由总经理亲自出面向客人致歉。

(2) 同本地区同等级酒店加强合作，建立业务联系。在酒店附近联系几家相同等级的酒店作为协议单位，一旦超额预订过度，可免交通费送客人到协议单位暂住。如果找不到同等级的酒店，可免交通费送客人住更高级别的酒店，高出的房费由本酒店来承担。

(3) 做好后续服务。虽然酒店为客人联系了其他酒店居住，也应征询客人的意见。对愿意于次日返回本店居住的人，应留下其大件行李。次日排房时，优先考虑该客人的用房安排。次日一早，由酒店派人将客人接回本店，由大堂副理或值班经理在大厅迎候并再次向客人致歉，陪同其办理入住手续，并在房间内放上致歉卡，让客人感觉到酒店对他的尊重及歉意。这类客人回到酒店后应该享受贵宾待遇。

案例分析 4.2

在旅游旺季，各酒店出租率均较高，为了保证经济效益，一般酒店都实行超额预订。一天，经大堂副理及前台的配合，已将大部分客人安排妥当。当时 2305 客人为预离房，直至 18 点时才来前台办理延住手续，而此时，2305 房间的预抵客人已经到达(大堂副理已在下午多次打电话联系 2305 房间预离客人，但未找到)。大堂副理试图向刚刚到达的客人解释酒店超额预订，并保证将他安排在其他酒店，一旦有房间，再将其接回，但客人态度坚决，称这是你们酒店的问题，与我无关，我哪也不去。鉴于客人态度十分坚决，而且多次表示哪怕房间小一点也没关系，他就是不想到其他酒店，在值班经理的允许下，大堂副理将客人安置到了值班经理用房，客人对此表示满意。

【问题】该酒店是否可以超额订房？预离客人未走，预抵客人已经到达，工作人员应该怎么办？

【分析】宾客向酒店订房，并不是每位客人都作出保证类订房，经验告诉我们，即使酒店的订房率达到100%，也会有订房者因故虽有预订而不到、临时取消或者住店客人提前离店，使酒店出现空房。因此，酒店为了追求较高的住房率，争取获得最大的经济效益，往往实施超额预订。超额预订是订房管理艺术的最高体现，处理得好会提高客房出租率，增加酒店的经济效益。但是如果超额过度，预订客人又都在规定的时限内抵达酒店，而酒店却因客满无法为他们提供所订住房，必然会引起客人的不满，这无疑将会给酒店带来很大的麻烦。因为接受并确认了客人的订房要求，就是酒店承诺了订房客人具有得到"自己的住房"的权利。发生这种情况属于酒店的违约行为，所以，必须积极采取补救措施，千方百计调剂房间，开拓房源，最大限度地满足客人的预订要求，妥善安排好客人住宿，以消除客人的不满，挽回不良影响，维护酒店的声誉。

凡有预订的客人一般都愿意按预订入住，不愿到其他酒店去，因此满足客人的要求就成为最重要的问题。上述案例中由于客人不愿意去其他酒店，而超额预订又成为一道难题，经过有关人员的共同努力，终于让客人入住到值班经理的用房，满足客人的要求又为酒店增加了收入，这种做法是值得提倡的。

在处理超额预订时，只有实在挤不出房间时才可以考虑将客人送往其他酒店，因为，有时客人入住其他酒店后就有可能成为其他酒店的回头客，这对于送出客人的酒店来说将是一个损失。

资料来源：职业餐饮网 www.canyin168.com

学习小结

本章主要介绍了几种常见的客房预订方式以及每种预订方式的操作要点，列举了常见的几种客房预订类型和保证性预订的几种支付方法，阐述了预订前的准备工作、受理客房预订的程序、预订变更与取消的操作要点、确定超额订房数量应考虑的主要因素和超额订房过度的处理办法。

【思考与实践】

1. 体验一次通过手机 APP 订房的过程，分析其优点。
2. 通过不同的旅游电商网站预订同一家酒店的同一种房型，进行房价比较。
3. 用手机拨打当地一家高档酒店的订房电话，注意其服务流程。
4. 假设一位已有预订的客人来到酒店，被告知没有房间，但又不愿到其他酒店入住，请问该怎么办？
5. 客房预订的程序是怎样的？
6. 进行超额订房时，酒店要考虑哪些因素？
7. 如何处理由过度超额订房引起的投诉？
8. 对于高星级酒店和经济型酒店，哪类酒店使用超额订房会多一些？为什么？

第5章 入住接待

本章概要

- 临时住宿登记表和房卡套的填写内容
- 办理入住登记手续的目的
- 普通散客的入住接待程序
- 团队入住接待程序
- 商务楼层客人和 VIP 的入住接待程序
- 客房销售技巧
- 入住期间常见问题的处理

学习目标

- 掌握临时住宿登记表和房卡套的填写内容
- 熟悉各类有效证件
- 了解办理入住登记手续的目的
- 掌握普通散客的入住接待程序
- 熟悉团队入住接待程序
- 掌握客房销售技巧
- 熟悉前厅销售内容和要求
- 了解客房报价方法
- 掌握卖重房的处理方法
- 熟悉宾客押金不足情况的处理方法
- 了解入住期间其他常见问题的处理

案例导读

一位常住的外国客人从饭店外面回来,当他走到总台时,还没有等他开口,接待员就主动微笑地把房卡递上,并轻声称呼他的名字,这位客人大为吃惊,并由此产生一种强烈的亲切感,旧地重游如回家一样。

还有一位客人在总台高峰时进店,服务员小姐突然准确地叫出:"王先生,服务台有您一个电话。"这位客人又惊又喜,感到自己受到了重视,受到了特殊的待遇,不禁添了一份自豪感。

另外一位外国客人第一次前往住店,前台接待员从登记卡上看到客人的名字,迅速称呼他以表欢迎,客人先是一惊,而后作客他乡的陌生感顿时消失,显出非常高兴的样子。简单的词汇迅速缩短了彼此间的距离。

此外,一位贵宾(VIP 客人)带着陪同人员来到前台登记,服务人员通过接机人员的暗示,得悉其身份,马上称呼客人的名字,并递上打印好的登记表请他签字,使客人感到自己的地位不同,由于受到超凡的尊重而感到格外的开心。

【分析】马斯洛需要层次理论认为,人们较高的需求是得到社会的尊重。当自己的名字为他人所知晓就是对这种需求的一种很好地满足。

在饭店及其他服务性行业的工作中,主动热情地称呼客人的名字是一种服务的艺术,也是一种艺术的服务。饭店服务台人员记住客人的房号、姓名和特征,借助敏锐的观察力和良好的记忆力,进行细心周到的服务,使客人留下深刻的印象,客人今后在不同的场合会提起该饭店如何如何,等于是饭店的义务宣传员。

目前国内有些著名的饭店规定:在为客人办理入住登记时至少要称呼客人名字三次。前台员工要熟记 VIP 的名字,尽可能多地了解他们的资料,争取在他们来店自报家门之前,就称呼他们的名字,当再次见到他们时能直称其名,这是作为一个合格服务员最基本的条件。

资料来源:职业餐饮网 www.canying168.com

5.1 准备办理入住登记手续

5.1.1 办理入住登记手续的目的

办理入住登记手续是前厅部对客服务全过程中的一个重要环节,其工作效果将直接影响到前厅部功能的发挥。不论饭店的规模和档次如何,客人要入住饭店,都必须首先办理入住登记手续。

1. 办理入住登记手续可以和客人签订住宿合同

客人在办理入住登记手续时,必须填写一张由饭店提供的临时住宿登记表,这张表相当于是饭店和客人签订的住宿合同。登记表上明确了客人入住饭店的房号、房价、住宿期限、付款方式等项目,还有饭店告知客人的退房时间、贵重物品保管等注意事项。最后,饭店接待员和客人都必须在这张临时住宿登记表上签名确认,这标志着饭店与客人之间正式合法的经济关系的确立。只有完成入住登记手续，饭店与客人之间的责任与义务、权利与利益才能明确。同时，从客房预订的角度来说，只有客人办理了入住登记手续，才使饭店的潜在客人变成了现实的客人。

2. 办理入住登记手续是遵守国家法律有关户籍管理的规定

我国有关法律明确规定，在我国的外国人及国内流动人口，在宾馆、饭店、招待所临时住宿时，应当出示护照或身份证等有效证件，并办理入住登记手续，才能住宿。饭店管理人员若不按规定为客人办理入住登记手续，是违反国家法律有关户籍管理规定的行为，这将受到处罚。所以，办理入住登记手续是饭店遵守有关法律的行为，同时也是饭店对国家应尽的义务。

3. 办理入住登记手续可以获得客人的个人资料

客人办理入住登记手续，填写临时住宿登记表，饭店可以获得住店客人的有关个人资料，如宾客的姓名、性别、国籍、住所、工作单位、抵离店日期、付款方式等基本信息。这些个人资料对于搞好饭店的服务与管理至关重要，它为前厅部向饭店其他部门提供服务信息、协调对客服务提供了依据，同时也为饭店研究客情，特别是创造个性化、人性化的服务，建立宾客历史档案提供了依据。

4. 办理入住登记手续可以满足客人对房间及房价的要求

办理入住登记手续时，前台接待员通过回答客人的各种问题，可以让客人了解到本饭店的各种客房类型和相应的房价，并可推荐一些有特色的房间和有优惠房价的房间，客人就可以根据自身不同的情况，选择自己满意的房间和房价。所以，通过办理入住登记手续不仅推销了客房，而且满足了客人对房间和房价的要求。

5. 办理入住登记手续可以掌握客人的付款方式，保证客房销售收入

通过客人填写的临时住宿登记表，饭店就可以掌握客人的付款方式，从而保证客房的销售收入，保护饭店的利益。掌握付款方式就可以确定客人在住店期间的信用标准，同时也可提高客人办理离店结账手续的服务效率。常见的宾客付款方式有：现金、信用卡、旅行支票和转账。现金结账要注意现金的真伪；信用卡结账要核实是否是本饭店受理的信用卡，并查看是否过期、适用地区、消费最高限额等；旅行支票结账要核实支票的有效性；转账结账则应向客人说明该单位允许转账的具体消费项目。

6. 办理入住登记手续可以向客人推销饭店的其他服务与设施

许多客人在入住前并不十分了解该饭店的服务项目与设施设备情况，这就影响了他们的购买行为。接待员在为客人办理入住登记手续时，可以在推销客房的基础上，抓住时机地积极向客人介绍饭店提供的各种服务项目与设施设备，以迎合客人的心理需求，方便客人的选择，从而为饭店带来较高的经济效益和社会效益。例如推销酒店的主题营销产品，如"中秋月饼"产品、"圣诞晚宴"产品、"年夜饭套餐"产品等，以及酒店的

各类会员卡。又如如果客人深夜入住但还未用餐，可以推荐二十四小时营业的酒吧或"房内送餐服务"等。要注意的是，推销要根据客人的实际情况，并要有适度的原则，以免客人产生厌烦情绪。

5.1.2 入住登记的相关表格

1. 临时住宿登记表

客人抵达饭店后，首先应到前台办理入住登记手续，其中一项重要内容就是填写由饭店提供的临时住宿登记表。每个饭店的临时住宿登记表都由本饭店自行设计，但登记表的格式和内容大体都一致，主要包括两个方面的内容：一是公安部门规定需要填写的登记项目，有客人的完整姓名、国籍、出生年月、地址、职业、有效证件号码等内容；二是饭店运行与管理需要填写的登记项目，有客人的姓名、性别、房号、房价、抵离店日期、付款方式、饭店管理声明、客人和接待员的签名等内容。

我国饭店的住宿登记表大体可以分为两种：一是散客填写的《临时住宿登记表》（见表5-1)，二是团体客人填写的《团体人员住宿登记表》(见表5-2)。

住宿登记表的基本内容和填写目的如下所述。

1) 宾客的姓名和性别

姓名与性别是识别客人的首要标志，服务人员要记住客人，特别是常客、贵宾的姓名，并要以姓氏加上"先生"、"小姐"等去称呼客人，以示尊重。

2) 房号

房号是确定房间类型和房价的主要依据，注明房号也有利于查找、识别住店客人及建立客账。房号的填写应准确无误，以免造成"开重房"，给客人和酒店带来不必要的投诉与麻烦。

3) 房价

房价是客人与接待员在饭店门市价的基础上，协商而成的客房价格，它是建立客账、预测客房收入的重要依据。

4) 付款方式

确定付款方式有利于保障客房销售收入，并可决定客入住宿期间的信用标准，而且还有助于提高退房结账的速度。最主要还是方便住客，由饭店为其提供高效的离店结账手续。

5) 抵离店日期

准确掌握客人的抵店日期和时间，有助于前台做好各项接待准备工作；而了解客人的预计离店日期和时间，则有助于预订处做好客房预测，接待处做好排房分房工作，并有助于客房部客房清洁工作的安排，制定好客房清扫顺序。

6) 地址

掌握客人正确、完整的地址，将有助于饭店与客人的日后联系，如客人遗留物品的处理、邮件转寄服务、向客人邮寄促销印刷品、投诉处理的跟踪服务等。

7) 饭店管理声明

住宿登记表上的管理声明，即住客须知。它告知客人住宿消费时的注意事项，如饭店规定的退房时间;建议客人使用前台免费的贵重物品保险箱,否则如有贵重物品遗失,饭店概不负责;访客要在晚上十一时前离开客房等内容。这些注意事项有助于完善饭店的服务与管理,同时可以减少饭店与客人的纠纷。

8) 接待员和宾客签名

接待员签名有助于加强接待员工作的责任心,便于控制和保证服务质量。宾客签名是为了表明客人对住宿登记表上所列的内容予以认可和保证,相当于与饭店签订了住宿合同。

表5-1 临时住宿登记表

REGISTRATION FORM OF TEMPORARY RESIDENCE

英文姓 Surname		英文名 First Name		性别 Sex	
中文姓名 Chinese Name		国籍 Nationality		出生日期 Date of Birth	
房号 Room No.		房型 Room Type		房价 ¥ Room Rate	
工作单位 Company			职业 Occupation		
证件种类 Type of Certificate			证件号码 Certificate NO.		
签证种类 Type of Visa			签证有效期 Visa expiry date		
抵店日期 Arrival Date			离店日期 Departure Date		
永久地址 Permanent Address					
付款方式 Form of Payment	□ 现金 Cash	□ 信用卡 Credit Card	□ 旅行支票 Traveler Check	□ 公司账 Company	□ 其他 Others

请注意:

Please Note:

1. 退房时间是中午十二时。

Checking out time is 12:00 noon.

2. 前台设有免费的贵重物品保险箱,饭店对客房内的现金、珠宝及其他贵重物品概不负责。

Safe deposit boxes are available free of charge at the Front Desk. The hotel is not responsible for money, jewellery or other valuables in the guest room.

3. 访客请在晚上十一时前离开客房。

Visitors are requested to leave guest room by 23:00.

备注 Remarks	
接待员 Receptionist	宾客签名 Guest signature

有些饭店为了进行市场调研与分析，还在住宿登记表中设计了客源调查项目，如停留事由、下个目的地、订房渠道、住店次数等内容。

表5-2 团体人员住宿登记表

REGISTRATION FORM OF RESIDENCE FOR GROUP

团队名称： Name of Group			日期： Date	年 Year	月 Mon	日 Day	至 Till	月 Mon	日 Day
房号 Room No.	姓名 Full Name	性别 Sex	出生日期 Date of Birth		国籍 Nationality		证件种类 Certificate		证件号码 Certificate NO.
签证号码： Visa No.					接待单位： Received By				

2. 房卡套

前台接待员在给客人办理入住登记手续时，除了让客人填写住宿登记表外，还会给客人一个印有本饭店名称、标志、地址、电话等内容的折叠式卡片或小册子，这就是"房卡套"。房卡套的主要作用是证明住店客人的身份，方便客人出入饭店。在一些饭店，房卡套还被赋予其他的一些功能，如为区分客人类别，饭店常使用区别于其他房卡套颜色或式样的贵宾房卡。持房卡套的客人可凭房卡去饭店消费场所签单消费，其账单送至该场所或前厅收银处入账，退房时一次性结账。但在给客人签单时，各消费场所的收银员一定要核实客人的住店信息。

房卡套的内容(如图 5.1 所示)主要包括饭店运行与管理所需登记的项目、住客须知及饭店服务设施介绍,有的饭店还印有饭店总经理的欢迎词、饭店的电话指南、饭店所在城市的简易交通旅游图等。

图 5.1　房卡套(内页)

1) 登记的项目

饭店运行与管理所需登记的项目有客人的姓名、房号、抵店日期、离店日期(失效日期)等。填写客人姓名时应加以"先生/小姐"注明。房卡套在离店日期当天的退房时间后自动失效。

2) 住客须知

住客须知的内容和住宿登记表中的饭店管理声明大体一致,有的饭店还特别加上了安全提示。

3) 饭店服务设施介绍

主要包括饭店各项服务设施的位置、消费项目、营业时间、电话号码等。因此,房卡也起到了促销和为住客提供服务指南的作用。

5.1.3　入住登记的相关证件

1. 中国内地宾客有效证件

中国内地宾客有效证件有中华人民共和国居民身份证、临时身份证、中国护照、军官证、警官证、解放军文职干部证、老干部离休荣誉证等。不可使用导游证、教师证、学生证等证件办理入住手续。

2. 港澳台地区及境外宾客有效证件

1) 港澳居民来往内地通行证

港澳居民来往内地通行证,由中华人民共和国广东省公安厅签发,是具中华人民共和国国籍的香港特别行政区及澳门特别行政区居民来往中国内地所用的证件。该证于1999年启用,其前身是俗称"回乡证"的"港澳同胞回乡证"。

通行证为卡式证件,见图5.2。证件号码共11位。第1位为字母,"H"字头签发给香港居民,"M"字头签发给澳门居民;第2位至第9位为数字,该8位数字为通行证持有人的终身号;第10位至第11位为换证次数,首次发证为00,此后依次递增。通行证有效期分为3年有效和10年有效两种,年满18周岁的为10年有效,未满18周岁的为3年有效。

图5.2　港澳居民来往内地通行证

2) 台湾居民来往大陆通行证

台湾居民来往大陆通行证(见图5.3)是台湾居民来往大陆的旅行证件,由公安部出入境管理局授权的公安机关签发或委托在香港和澳门特别行政区的有关机构代为办理。该证有两种:一种为5年有效,另一种为一次入出境有效。它实行逐次签证,签证分一次往返有效和多次往返有效。

3) 中华人民共和国旅行证

中华人民共和国旅行证(见图5.4)是护照的代用证件,是我驻外使、领馆颁发给不便于发给护照的境外中国公民回国使用的一种证件,分一年一次入出境有效和两年多次入出境有效两种。

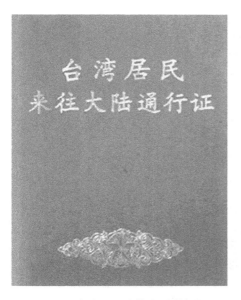 

图 5.3　台湾居民来往大陆通行证　　　　图 5.4　中华人民共和国旅行证

4) 中华人民共和国出入境通行证

中华人民共和国出入境通行证(见图 5.5)主要有两种颁发情况:一是为未持有我国有效护照、证件的华侨、港澳居民入出境我国国(边)境而颁发;二是为回国探亲旅游的华侨、港澳居民因证照过期或遗失而补发。分一次有效和多次有效两种。由公安机关出入境管理部门签发。

图 5.5　中华人民共和国出入境通行证

5) 护照

护照(Passport)是一个国家的公民出入本国国境和到国外旅行或居留时,由本国发给的一种证明该公民国籍和身份的合法证件。所以护照是外国人办理入住登记手续时持有的证件。美国护照见图 5.6,英国护照见图 5.7。

图5.6 美国护照

图5.7 英国护照

知识链接

护照的识别

护照有以下几种识别方法：

(1) 国籍的识别。目前世界上大多数国家的护照或其他代用护照上都有发照国本国文字和国际上通用的文字(英文)标明国籍。但也有一些国家只用本国文字标明国籍，遇到这种情况，可以按照护照封皮上的国徽图案或国家标志来识别。

部分客源国护照号码规律：

① 美国护照：九位阿拉伯数字。
② 日本护照：在七位号码前有两个英文字母。
③ 法国护照：前两位是数字，中间是两个英文字母，最后为五位数字。
④ 新加坡护照：护照号码前是大写"S"中间七位数字，最后有一位英文字母。
⑤ 马来西亚护照：英文字母"K"字打头，加七位数字。

(2) 护照有效期的识别。护照有时效限制，并在有效期内发生效力。护照期满前，持照人应根据本国有关的法律规定，到政府授权机关更换新护照或申办护照延期，否则护照会自然失效，不再具有原效力。

护照有效期的表述方法一般有以下几种：在护照有效期一栏写明有效期，这是最常见的；在护照有效期一栏注明自签发之日起若干年有效；在护照的使用说明中规定自签发之日起若干年有效；规定在一些特定的条件下有效；护照内未注明有效期限的，视为永久有效。

(3) 护照真伪的识别。注意识别护照样式、图案、颜色。注意护照内各项内容和发照机关签署印章的情况，查看是否有伪造和涂改痕迹。查看护照上的照片及对自然特征的记载是否与持照人相符，照片上加盖的骑缝印章有无可疑之处。

5.2 入住接待操作

5.2.1 普通散客入住接待程序(如图 5.8 所示)

图 5.8 普通散客入住接待

1. 询问客人有无订房

接待员应首先询问前来入住的客人有无预订。这一步骤的具体做法是：当客人来到总台时，接待员应面带微笑，主动问候客人，若知道客人的姓名、职位等，应用姓名或头衔等称呼客人，使其倍感亲切与尊重。然后询问客人有无预订，如果客人已办理了订房手续，应请客人出示有效证件，根据其姓名迅速查找其订房资料，并复述核对客人的订房要求。对于已付定金的客人，接待员应再次向客人确认所收到的订金数额。

2. 查看饭店有无空房

对于未经预订而直接抵店的客人，接待员应询问客人的住宿要求，如房型、住店天数、房间数量等，然后查看房态，判断能否满足客人要求。若能提供客人要求的客房，则应填写住宿登记表。若暂不能满足客人的要求，可向客人推销其他房型，设法使客人入住本饭店。若确实无法满足客人的要求，则可为客人联系邻近饭店，耐心帮助客人，以塑造饭店在客人心目中的良好形象。

3. 核对有效证件

相关证件知识详见 5.1.3 节的内容，若客人未随身携带本人的有效身份证件，则不可以入住酒店。核对有效证件时应遵循"一人一证"的原则进行，而不是一房一证，更不应该是一团一证。对于二代居民身份证，应使用与公安联网的"身份证阅读器"(见第 1

章的图 1.12)上传客人的身份信息，并在上传软件中填报客人入住的房号。对于其他证件，则应该按照当地派出所的要求，进行证件的复印、扫描或登记上报。

4. 安排房间，确认房价

核对好客人的有效证件后，应根据客人的数量和要求，为客人选择相应类型的客房。若客人预订时已安排好房间，则应按预订的房号出租给客人。为客人安排好房间后，接待员还应在饭店规定的价格范围内为客人确认房价。若客人预订时已商定好房价，则应遵守预订时的房价，不能随意更改。

5. 填写临时住宿登记表

1) 前台管理系统自动填写

随着计算机系统、酒店前台管理系统软件和居民身份证信息识别系统地不断升级，目前，大多数酒店对于临时住宿登记表的填写都是采取系统自动填写并打印的形式。也就是只需将宾客的第二代居民身份证，放置在与计算机和酒店前台管理系统软件同时连接的读卡器上，宾客的姓名、性别、家庭住址等身份信息就会自动填入软件中的表格。然后，接待员在表格中输入房号和所付押金，直接打印表格后，只需由宾客签名，这样，一张临时住宿登记表和押金单合二为一的表格就完成了。这种操作既保证了宾客信息的准确，又提高了前台的工作效率。

2) 手工填写

对于手工填写临时住宿登记表的饭店，接待员应在保证质量的前提下，尽其所能地为客人缩短办理入住登记手续的时间，提高效率。接待员可根据客人预订单和客史档案的内容，提前准备并填写好登记表、房卡套，并装入信封，客人抵店后，只需签名确认即可入住客房；对于团队客人，接待员可以依据排房名单和接待要求提前安排好客房，并准备好房卡、登记表、饭店宣传促销册及餐券等，一并交给陪同人员；对于未办理预订的抵店客人，应尽量帮助客人填写空白登记表。

6. 确定付款方式，收取押金

住宿登记表中，有"付款方式"这一项，从饭店角度来看，确定付款方式可以确保饭店的利益，防止客人逃账；从客人角度来看，确定付款方式可以使住客享受住宿期间消费一次性结账的方便，和办理离店结账手续的高效性。宾客常用的付款方式有：现金支付、信用卡支付、转账支付等。

1) 现金支付

对饭店来说，客人用现金支付风险小，利于周转。客人入住饭店时首先要交纳一定数额的预付金，预付金的额度一般为多一晚的房费，且为整数。

2) 信用卡支付

如果客人用信用卡结账，接待员应首先辨明客人所持的信用卡是否属中国银行规定的，可在我国使用且本饭店接受的信用卡。其次核实住客是否为持卡人，接着检查信用卡的有

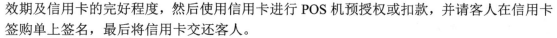

效期及信用卡的完好程度,然后使用信用卡进行 POS 机预授权或扣款,并请客人在信用卡签购单上签名,最后将信用卡交还客人。

3) 转账支付

客人如要以转账方式结账,这一要求一般在订房时就会向饭店提出,并经饭店有关负责人批准后方可进行。如果客人在办理入住登记手续时才提出以转账方式结账,饭店通常不予受理。

饭店为了表示对一些熟客、贵宾、公司客等的友好和信任,通常会给予他们免交押金的方便。对于押金的支付各酒店都有各自的规定,一般情况下可见表 5-3 的操作实例。

表 5-3 押金支付实例

(以入住一间 520 元的客房且无其他消费为例)

支付方式		现金支付		信用卡支付	
		交押金	免交押金	交押金	免交押金
住一晚	入住时	押金 1000 元	房费 520 元	预授权 1000 元	扣款 520 元
	离店时	退还 480 元	无账务手续	扣款 520 元	无账务手续
住三晚	入住时	押金 2000 元	房费 1560 元	预授权 2000 元	扣款 1560 元
	离店时	退还 440 元	无账务手续	扣款 1560 元	无账务手续

7. 制作并发放房卡

房卡(钥匙卡)的制作和使用流程见第 1 章的图 1.11。如果饭店还为客人提供免费的餐券、洗衣券、宣传品等,此时应同房卡、房卡套一并双手交给住客。还要注意有无客人的邮件和留言,如有,也应在这时一并转交客人。同时提醒住客在饭店前台接待处有免费的贵重物品保管服务,并指明房间的楼层和电梯的位置,祝客人入住愉快。

8. 将有关信息输入电脑

最后应将住宿登记表中宾客的相关信息输入电脑,同时在电脑系统中为客人建立散客账户。如果饭店内的电脑系统软件联网,对客服务的其他部门也可得到客人的有关信息,从而更快捷地为客人提供各类服务。

普通散客的入住接待程序如图 5.9 所示。

小资料

微信选房与微信支付

自助选房、微信开门、微信客服和微信支付,这 4 大神器让街町酒店成为国内首个实现微信全自助的酒店的重要变身法宝。在这里,顾客可以在街町酒店的微信公众号上预订并自行选择房间,然后用微信支付扫码付款。到了目的城市,顾客可以在微信公众号上自助办理入住手续,通过微信控制客房的智能门锁,与酒店客服在微信上实时互动，咨询房间设施，周边配套、交通甚至城市美食。旅行结束，顾客在微信上直接一键退房，还可以对自己入住的这间房进行点评。最后别忘了还需要发票报销？则只需发票抬头输入微信，酒店就会把发票寄给客户，需要账单的顾客，酒店也会以邮寄形式送达。因为全程都可以用微信完成连接，不少"尝鲜客"评论说，微信开房让房卡成了历史，让前台妹妹变成传说。

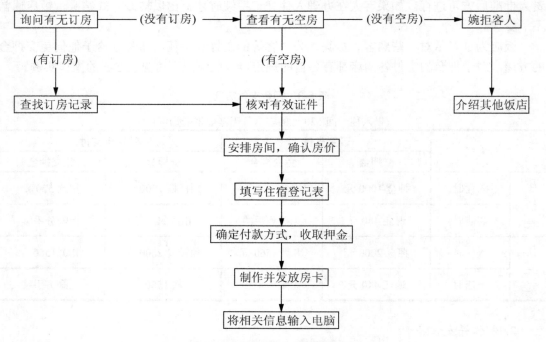

图 5.9 普通散客入住接待程序

5.2.2 团体入住接待程序

团体客人用房较多，是饭店的重要客源，一般事先都进行了预订。在一些大型饭店中，团体接待与散客接待是分开的，团体入住接待通常由团体接待员负责。其入住接待程序如下所述。

1. 团体入住准备工作

(1) 根据团体订房要求，查看房态，安排客房，打印团体用房分配表。

(2) 团体用房分配表送至礼宾部、总机房、客房部、餐饮部等部门，让这些部门也做好准备工作和配合工作。如行李服务、叫早服务、客房清扫、团队餐准备等。

(3) 准备好"团队人员住宿登记表"和团体客人的信封。信封上应标有房号，信封内应有客房房卡及饭店促销品等。团体客人的房卡一般都不能签单，房卡套姓名栏可填写团号，房价栏可填写"合同价"。

2. 团体入住接待工作

(1) 团体客人到达后，一般由团体接待员迎接，如果团队人数较多或是重要团队，可由大堂副理或饭店相关部门经理迎接。

(2) 弄清团体名称，找出订房资料，确认总人数、客人房间数、司陪房间数。

(3) 请团体陪同人员，如导游、领队或会议组织人员，协助团体客人填写住宿登记表。团体人员住宿登记表的填写可以是客人抵店后临时填写，也可以是团体客人抵店前，接待员协助陪同人员事先把相关内容填好。

(4) 接待员协助陪同人员分配客房，并分发房卡。

(5) 接待员与陪同人员确认叫早时间、出行李时间、用餐时间、离店时间等。

(6) 掌握付款方式。团体订房单上会标明付款方式，是现付还是转账。如果是现付，则应收取押金；如果是转账，则应明确转至何单位，是旅行接待社还是组团社。若转至组团社，团体账单中应由全陪签名确认；若转至接待社，团体账单则应由地陪签名确认。

(7) 将标明房号的团体客名单交给行李员，便于分发行李和收行李。

(8) 将团体入住的相关信息输入电脑系统，其他部门也同时获得团体客人信息。

5.2.3 商务楼层入住接待程序

在一些高档商务饭店中，通常会设有专门的商务楼层，也叫做行政楼层。该楼层用以专门接待从事商务活动的客人，其接待员一般归前厅部管辖。

商务楼层提供的是贵宾式的服务，楼层内单独设有接待处、自助餐厅、酒吧、小型会议室、阅览室、商务中心、小型健身房等服务与设施，为入住该楼层的客人提供从预订到抵店接待、入住服务、离店结账等一条龙的服务。所以，商务楼层又称之为饭店的"店中之店"。

> **知识链接**
>
> 饭店设立的商务楼层，主要用于接待商务客人、贵宾及用于给常客房间升级等。商务楼层内，客房的设施设备和消耗品的规格要高于普通客房，其豪华标间和套房的比例也较高，房价一般高于普通楼层同等客房三分之一左右。商务楼层的服务是更为便利、更为温馨、更为优质的个性化服务。

1. 商务楼层的布局

1) 设有单独的接待处

凡预订商务楼层客房的客人，均可以直接在商务楼层办理快速的入住登记手续，享受更加便利的服务，退房离店手续也可单独在该楼层进行。商务楼层的环境布置氛围轻松，接待处专门为客人配备舒适的座椅，采取一对一的坐式服务方式，突出人性化服务，让客人倍感温馨、倍受尊重。

2) 设有独立的自助早餐和酒吧

商务楼层根据客源的特点，设计具有特殊风格的自助早餐厅、酒吧或茶座，并提供适合客人习惯的早餐、点心、酒水、饮料、茶水，还可安排鸡尾酒会。有些饭店为了吸引商务客人，还免费提供下午茶，以方便客人进行商务洽谈活动。

3) 设有独立的商务中心和会议室

商务楼层设有专用的商务中心,格局与前厅部的商务中心基本一致,服务项目也一应俱全,可为商务客人提供打字、复印、收发传真、订票等服务。同时商务楼层还设有中小型会议室,供商务客人开会使用。

2. 商务楼层宾客的入住接待程序

(1) 当预订处收到客人商务楼层的订房申请后,应在订房表上打上"商务楼层"字样的图章或写上同样的字,订房资料应复印一份,原订房资料在客人抵店前一天转接待处,复印件交商务楼层接待处。

(2) 商务楼层接待处接到订房单后,应查看是否有客人的客史档案。如果有,应根据客史提前帮客人填写好住宿登记表,只留签名处空白。

(3) 如果客人到前厅接待处开房,接待员应立即通知商务楼层接待处,向客人说明他将享受商务客人的待遇,然后引领客人前往商务楼层接待处。

(4) 当商务客人来到商务楼层接待处时,接待员应立即微笑起立欢迎,并自我介绍,请客人在接待台前坐下。

(5) 接待员应请客人出示证件并办理客人的入住登记手续。应确认入住客人的客房类型、入住天数、房租和结账方式等内容,如果饭店有规定,则应礼貌地请客人预付押金或出示信用卡刷卡。将准备好的房卡呈交给客人,如果有客人的留言、信件或传真应及时转给客人,然后询问客人是否还有其他要求。

(6) 主动介绍商务楼层的设施设备、服务项目,包括早餐时间、下午茶时间、鸡尾酒时间、图书报刊的赠阅、会议室的租用、商务中心服务、免费熨衣服务、擦鞋服务、委托代办服务等,以方便客人选择。

(7) 接待员引领客人进房,敲门并开门。进房后,应先开灯,拉开窗帘,送上茶水、毛巾,向客人简单介绍一下房内服务设施及使用方法。介绍完毕后询问客人有无其他要求,预祝客人住店愉快,最后离开客房。离开时应面向客人退出房间,轻轻把门关上,切不可在房内故意拖延等待或索要小费。

(8) 在早餐、下午茶、鸡尾酒服务的时间内,商务楼层接待员应主动邀请新入住的客人参加。

5.2.4 VIP入住接待程序

1. 接待VIP客人的准备工作

(1) 填写VIP申请单,上报相关领导审批认可。

(2) VIP房的分配力求选择同类客房中方位、景致、环境、房间保养等方面处于最佳状态的客房。

(3) VIP客人到达饭店前,应检查客房情况,包括清洁卫生、设施设备完好、免费用品添置、鲜花或水果等赠品的摆放等。

2. 办理入店手续

(1) 准确掌握当天预抵 VIP 客人的姓名。
(2) 通常由大堂副理或饭店更高层领导接待，以客人姓氏称呼客人。
(3) VIP 客人可免交押金，甚至免收房费。
(4) 将客人送至房间，并向客人介绍饭店和房间设施设备。

3. 信息储存

(1) 复核有关 VIP 客人资料的正确性，并准确输入电脑。
(2) 在电脑中注明哪些客人是 VIP 客人，以提示其他部门或员工注意。
(3) 为 VIP 客人建立客史档案，并注明身份，以便作为日后预订和查询的参考资料。

案例分析

　　南京某建筑单位的张工程师与徒弟小刘两位男士一起出差到上海，下榻某酒店。在总台登记完毕后，接待员给了他们一张钥匙卡。上楼打开房门后，他们把钥匙卡插入节能电源插口内，电源接通了。小刘一一开电灯，室内明亮，这是一间普通的标准间住房。过了一会儿，张工与小刘两人商量了各自的工作分工。张工准备 15:00 去一个厂办完事后 17:00 回来，而小刘准备 14:00 去购买车票后逛一下外滩，大约 16:00 回来。那么钥匙卡该谁拿，成了问题。由张工掌握，小刘早回进不了门；由小刘掌握，张工离去前房里就没了电源。考虑再三，钥匙由张工保管。

　　小刘果然先回来了，没有钥匙卡，他就叫楼层服务员通过身份确认后开了门。进门后，他自作小聪明，找个硬纸插入节能槽里，想同样能接通电源，可是不行；他又换其他东西硬塞，也没有用。于是他去问服务员，服务员告诉他，钥匙卡内安装磁性片，所以能接通电源，其他东西是不行的。服务员也没有多余的钥匙卡，机灵的小刘这下可傻了眼。小刘就这样黑灯瞎火地躺在床上，焦急地等张工回来。

　　张工心里也不踏实，办完事，马上叫出租车回来了。进门插上钥匙卡，小刘才"重见光明"。张工打开文件包一检查，发现那个厂给他准备的几份资料忘记拿了，他与小刘打个招呼，赶快下楼，又去厂里了。

　　过了一会儿，张工匆匆回来了，他按门铃叫小刘开门，小刘此时却正在洗澡。听到门铃声也没办法，可光着身子泡在浴缸里，咋开门呀！他只能拉开卫生间的门，大声嚷嚷："张工，我在洗澡，请等三分钟！"张工总算听见了，他想找楼层服务员开门，却找不到，估计是吃晚饭去了。就这样，张工在楼道里来回踱步，直等小刘擦干身子来给他开门。

　　晚餐后回房，张工有点累了，他一会儿翻阅资料，一会儿看看电视。小刘倒是精神焕发，又独自逛街去了。10 点钟，张工想睡了，这时，他才发现小刘没拿钥匙怎么办？人虽累了，却不敢躺下睡，他靠在床沿打盹，等小刘回来。11 点，小刘的门铃声把他惊起，开门后才脱衣睡觉，临睡前，张工嘟囔了一句："两个人只给一把钥匙，可把我们折腾苦了。"

　　【分析】现在某些饭店，对同住一个标准间的客人，仍只发放一把钥匙卡。从饭店来说，管理上方便了，也减少了钥匙卡丢失的可能性。但这样做，客人是很不方便的。两位客人住在一个房间里，并不说明他们的活动也是在一起的。当分头活动时，一张钥匙卡会给客人带来种种麻烦，以上所出现的情形只是麻烦中的一部分而已。

　　从服务质量考虑，饭店首先应满足宾客的需要，而不能图自己的方便。若一个房间有两人同住，提出要两张钥匙卡时，第二张钥匙卡可采取收取押金的办法发放，以免客人丢失。

资料来源：旅研网 www.cotsa.com

5.3 销售并安排客房

随着饭店业竞争的加剧，饭店越来越重视前厅部的销售工作。其销售成功与否直接影响到客人对饭店的认识、评价和是否再次光临，并最终影响饭店的经济效益。因此，对于一名优秀的前台接待员而言，不仅要熟悉前厅销售的内容和要求，更应掌握客房销售的程序和技巧，对客人进行面对面的推销(如图 5.10 所示)。

图 5.10　面对面的客房销售

5.3.1　前厅销售内容

1. 饭店的地理位置

一般情况下，除度假区饭店外，位于市中心、交通便利的饭店，其房价要比位于市郊，或地理位置不理想的饭店房价高一些，竞争力也要强一些。饭店所处的地理位置是影响房价的一个重要因素，也是影响客人选择所住饭店的重要因素，客人一般都会考虑饭店所处区域的交通便利程度、周围环境等，所以前厅部接待人员应充分利用现有的地理位置进行积极地推销。

2. 饭店的形象和氛围

饭店良好的形象主要包括饭店的品牌、信誉、口碑、独特的经营风格、优质的服务等。饭店的氛围是客人对饭店的一种感受。前厅部地处饭店最显眼的位置，又是使客人产生第一印象和最后印象的部门，其创造的氛围十分重要。文化氛围浓郁的饭店给客人一种高品位的感受；古色古香的民族风格的饭店建筑，配以不同格调的艺术品，再辅之相协调的传统服饰打扮的员工，将对外宾有着特殊的吸引力。因此，前厅部人员应努力销售其独具特色的饭店形象和氛围。

3. 饭店的设施设备

饭店的设施设备是饭店存在的必要条件，也是饭店星级评定的基础，更是饭店接待能力的反映。各项服务设施设备应尽可能让宾客感到实用、方便，并要处于良好的水平状态。前厅部接待人员应娴熟地了解饭店所拥有的设施设备并做好相关的销售工作。例如推销为商务客人配备的各项设施设备、各具特色的客房、各类康乐设施设备等。

4. 饭店的无形服务

优质、高效的服务是饭店所售产品中最为重要的部分。饭店所提供的无形服务包括服务人员的仪容仪表、礼节礼貌、职业道德、服务态度、服务技能、服务程序、服务效率、服务效果等。销售饭店客房时除考虑饭店的硬件设施设备以外，还应推销其各类服务项目、服务特色。作为与客人接触面最广泛的前厅部接待人员，更应努力提高自身的服务意识、技能，给客人留下美好的印象，尤其是当客人提出临时的、合理的特殊服务要求时，应千方百计地满足，突出饭店的人性化、个性化服务。

5.3.2　前厅销售要求

1. 掌握本饭店的基本情况

掌握本饭店的基本情况，是做好客房销售工作的先决条件，尤其是对客房，这一饭店的主要产品需做全面的了解，如各类房间的价格、朝向、功能、特色、所处的楼层、设施设备情况等。除了掌握客房的基本情况外，还要掌握整个饭店的基本情况，包括饭店的装饰和布置的风格、饭店的等级与类型、饭店的服务设施与服务项目、饭店产品的价格及相关的规定等。接待员只有对这些内容了如指掌，推销起来才能得心应手，才能随时答复客人可能提出的问题，从而有助于推销的成功。

2. 熟悉竞争对手的产品状况

客人面对的是一大批与本饭店档次、价格、服务相类似的饭店企业，要想在销售中取胜，就要找出自己饭店区别于其他饭店的特色和优势，并着重加以宣传，这样才能更容易引起客人的兴趣和注意。所以接待人员在深入了解和掌握本饭店产品情况的基础上，更要熟悉竞争对手的有关情况。

3. 了解不同宾客的心理需求

作为饭店推销客房的接待员来说，必须要深入了解每一位不同的客人最需要的是什么，最感兴趣的是什么。饭店的每一种产品都有多种附加利益存在，对于一个靠近电梯口的房间，有的客人会认为不安静，而有的客人则会认为进出很方便。所以把握好客人的购买目的和购买动机，帮助客人解决好各类问题，满足其物质和心理的需要。这样，在客人受益的同时，饭店也会得到相应的回报。

小资料

商务客人的特点是时间安排紧，注重饭店的服务速度，入住饭店的可能性大，对房价不太计较，经常使用饭店设施设备等，前厅接待员就应针对其上述特点，向其推销办公设施，和设备齐全且便于会客的商务房；度蜜月者喜欢安静、免受干扰且配有大床的双人房；知名人士、高薪阶层则偏爱套房；旅游类客人的特点则不相同，通常要求房间宽敞舒适、整洁卫生，比较在乎价格，其中家庭旅游者往往选择连通房；而年老的或有残疾客人喜欢住在靠近电梯或是楼层较低的房间。

4. 表现出良好的职业素质

客人初到一个饭店，对这家饭店不甚了解，他对饭店产品质量的判断可能是从前厅员工的仪表仪容和言谈举止开始的。所以前厅是给客人留下第一印象的地方，是饭店的门面。前厅部员工，特别是前台接待员必须以热诚的态度、礼貌的语言、优雅的举止、快捷规范的服务接待好每一位客人。这是前厅工作人员成功销售的基础。前厅员工在推销客房、接待客人时，还必须注意语言艺术，善于使用创造性的语言。可以多使用描述性的语句，努力使自己的报价言之有据，让客人感到该产品确实物有所值，甚至物超所值。

5.3.3 客房报价方法

前厅部在销售客房时，如何进行科学有效地报价包含着业务知识、推销技巧、语言艺术等多项内容。饭店客房报价是饭店为扩大自身产品的销售，运用口头描述，引起客人购买欲望，借以扩大销售的一种推销方法。在实际推销工作中，非常讲究报价的针对性，只有同时采取不同的报价方法，才能达到销售的最佳效果。因此，学习并掌握客房销售的报价方法，是搞好饭店推销工作的一项基本功。

1. 从高到低报价

从高到低报价法是首先向客人报出饭店的最高房价，让客人了解饭店最高房价房间所具有的宜人环境和设施设备。客人对此不感兴趣时，再转向销售价格较低的客房。这种报价法是针对讲究身份、地位的客人设计的。在报价时要善于用描述性的语言，介绍适合客人的高价房的高档设施设备和优质服务，给客人带来的高级享受，诱使客人做出购买决策。当然，所报价格要相对合理，不宜过高。此类报价的指导原则是努力把客房产品的特征转化为客人的利益需求，积极推销高档客房，而不是突出高价格。

2. 从低到高报价

从低到高报价法即先报最低价格，然后逐渐报高价格。这是为对价格敏感的客人设计的客房销售的报价方法。不少人认为，这种报价方法会使饭店失去很多获取利润的机会，这种可能是存在的，但不可否认的是，它也往往会给饭店带来更广阔的客源市场。因为，在客源市场中有许多寻找低价客房的潜在客人。这些客人在比较不同饭店的价格之后，一旦发现该饭店报价较低，就可能转向该饭店购买。

第 5 章　入　住　接　待

3. 交叉排列报价

交叉排列报价法是接待员将饭店所有现行的客房价格按一定排列顺序提供给客人，即先报最低房价，再报最高房价，最后报中间档次的房价。这种报价方法可以使客人有选择各种价格房间的机会。同时，就饭店而言，既坚持了明码标价，又体现了商业道德；既方便了客人在整个房价体系中进行自由选择，又增加了饭店出租高价客房、获取更多利润的机会。

5.3.4　客房销售技巧

1. 强调客人受益

接待员要将价格转化为能给客人带来的益处和满足，对客人进行启迪和引导，促成其转化为购买行为，因为客人对产品价值和品质的认识程度不一样，相同的价格，有些客人认为合理，而有些客人则感到难以承受。例如，当接待员遇到一位因房价偏高而犹豫不决的客人时，可以这样介绍："这类客房的床垫、枕头具有保健功能，可以让您在充分休息的同时，还能起到预防疾病的作用。"而另一位接待员可能是这样推销的："这类客房价格听起来高了一点，但它配有冲浪浴设备，您不想体验一下吗？"强调客人受益，增强了客人对产品价值的理解程度，从而提高了客人愿意支付的价格限度。

2. 替客人下决心

许多客人并不清楚自己需要什么样的房间，在这种情况下，接待人员要认真观察客人的表情，设法理解客人的真实意图、特点和喜好，然后按照客人的兴趣爱好，有针对性地向客人介绍各类客房的特点，消除其疑虑。假若客人仍未明确表态，接待员可以运用语言和行为来促使客人下决心进行购买。例如，递上入住登记表说"这样吧，您先登记一下……"或"要不您先住下，如果您感到不满意，明天我们再给您换房"等；也可以在征得客人同意的情况下，陪同客人实地参观几种不同类型的客房，让客人对饭店客房产品有感性认识，当他们亲自看了客房设施后，可能会迅速做出住宿的决定。即使客人不在这里住宿，他们也会记住这家饭店的热情服务，可能会推荐给亲友或下次来投宿。这样，既消除了客人可能的疑虑，也展示了饭店的信誉及管理的灵活性。

3. 进行房价分解

通常，饭店为获得更多的营业收入，都要求接待员先推销高价客房。而价格作为最具敏感性的因素之一，有时客人一听到总台的报价，就可能被吓退，拒绝购买。此时就要将价格进行分解以隐藏其"昂贵性"。例如：某类型客房的价格是 450 元，报价时可将其中的 50 元自助早餐费从房价中分解出来，告诉客人实际房价是 400 元；假如房费包含洗衣费或健身费等其他项目，同样也可进行价格分解。这样，客人心目中高价的概念，此时就会被大大弱化。所以，采用价格分解法，更易打动客人，促成交易。

4. 使用第三者意见

当客人选择房价犹豫不决时，或有可能放弃住宿本酒店的想法时，前台服务人员可适时使用第三者意见来尽早成交。这种技巧常用于买卖双方各自为了维持自己的看法相持不下的时候。"第三者"可以是某一位顾客、某一位旁观者或是另一位服务员，也可以是某一件事、某一种现象或是某一个统计数字等。但这个"第三者"必须是对做出决定有一定影响作用者，否则会适得其反。例如，"第三者"可以说"我住过这种房间，确实不错"，"许多客人都非常喜欢这种房间"，等等。

5. 推荐高档客房和其他服务与设施

在客房销售中可以向客人推荐适合其地位的较高价格的客房。消费心理学的研究表明，客人常常接受服务员首先推荐的房间，如客人不接受，再推荐价格低一档次的客房，并介绍其优点。这样由高到低，逐级介绍，直到客人做出满意的选择。这种方法适合于向未经预订而直接抵店的客人推销客房，从而最大限度地提高了高价客房的销售量和客房整体经济效益。

在宣传推销客房的同时，还应推销饭店的其他服务设施和服务项目，如餐饮、康乐、商务等，以使客人感到饭店产品的综合性和完整性，同时还可增加饭店的营业收入。例如，客人深夜抵店，可以向客人介绍24小时营业的酒吧或房内送餐服务；如果客人带着小孩来店，可以向客人推荐饭店的托婴服务等。

6. 选择适当的报价方式

报房价时，不能只报金额，而不介绍房间的设施和特色。不同的报价方式，适用于不同类型的房间推销，主要有以下两种报价方式。

(1) "冲击式"报价。即先报出房间价格，再介绍房间所提供的服务设施和服务项目等，这种报价方式适合推销价格比较低的房间，以低价打动客人。

(2) "鱼尾式"报价。先介绍房间所提供的服务设施和服务项目及客房的特点，最后报出房价，以突出产品质量，减弱价格对客人购买的影响，增加客人购买的可能性。这种报价方式可以针对消费水平高、有一定地位和声望的客人，向他们推销高档客房。

5.3.5 安排客房的技巧

为客人准确、迅速地安排房间是体现饭店和接待员水平的一个重要方面。例如，对于团队客人或有预订的客人，一般可以事先安排客房；对于没有预订的客人，安排房间与办理住宿登记手续是同时进行的。安排客房不是简单的分配客房，而应有一定的技巧，达到一定的要求。接待员在安排客房时，可根据客人的不同特点、要求满足其需求，也可根据饭店的服务与经营管理来安排。掌握正确灵活的排房技巧，不仅能满足宾客的需要，而且能合理利用好客房。

1. 根据宾客的特点和要求排房

(1) 对于同一团体的客人或同行的数人，尽可能安排在同一楼层或相临楼层的相临房间。这样一方面便于团体客人之间的联系，另一方面也可为下一个团体客人的入住安排做好准备。

(2) 对于团体客人中的导游、司机、领队、会务组等人员，尽可能安排在同一楼层电梯、楼梯附近的房间。

(3) 对于散客的房间，要尽可能与团体房间分开。因为散客一般都怕受干扰，不愿意与团体客人住在相邻近的客房。

(4) 对于贵宾，要尽可能安排到同类型客房中最好的房间。

(5) 对于老年人、残疾人等行动不便者，可安排在底层楼面、靠近电梯或楼梯的房间，或离楼层服务台较近的房间，以方便客人的进出和服务员的照顾。

(6) 对于风俗习惯、宗教信仰、生活习俗等明显不一致的客人，应将他们的房间尽可能拉开距离或分楼层安排，如不同宗教信仰的客人就应分楼层安排。

2. 根据饭店的服务和经营需要排房

(1) 对于长包房客人的房间，尽可能集中在一个楼层上，以便于客房楼层的清扫。

(2) 对于无行李或是行为不轨有嫌疑的客人，尽可能安排在靠近楼层服务台的房间，或便于检查监控的房间。

(3) 在客房出租率较低的时候，从经营和维护市场形象的角度出发，可把客人集中安排在朝向街道的房间。

(4) 在销售淡季，可封闭一些楼层，集中使用几个楼层的房间，以节约劳力、能耗，同时也便于集中维护、保养一些房间。

(5) 对于抵店时间和离店时间相近的客人，尽量安排在同一楼层，以方便客房部的接待服务和离店后的集中清扫工作。

(6) 如有条件，夏季可多安排冷色调的房间，而冬天则可多安排暖色调的房间，以减轻客人对温度的感觉。

5.3.6 安排客房的顺序

前厅接待员除了要掌握客房安排的技巧外，还要根据旅游淡旺季的特殊性，确定客房安排的顺序。旅游旺季，由于宾客多，房源紧张，饭店和接待员应根据科学性和合理性的原则，为不同类型的宾客拟定统一的排房顺序。如贵宾和一般散客，应优先满足贵宾的需要；有预订和未预订的客人，应优先满足有预订的客人；常客和新客，要优先满足常客的需要；而对于难以满足其要求的客人，饭店要以诚相待，不能因为旺季生意好而冷淡客人。

1. 不同客人的排房顺序

(1) 贵宾。
(2) 团体客人。

(3) 有特殊要求的客人。
(4) 有预订已付订金的散客。
(5) 有预订未付订金的散客。
(6) 未预订直接抵店的散客。

2. 不同房间的排房顺序

(1) 空房。
(2) 走客房。
(3) 预退房。
(4) 机动房。
(5) 自备房。
(6) 待修房。

小资料

"林俊杰演唱会"房间安排

团队名称：林俊杰演唱会
接待日期：11.10～11.17
团队人数：75人
所需房间：47间
排房需求：所有房间尽量安排在7楼，11.14起不要安排其他客人入住7楼，
　　　　　林俊杰爸爸、经纪人在7楼，林俊杰保镖靠近其房间
房型需求：林俊杰和朱兰婷(嘉宾)为套间，其他为标间和大床间
保密需求：林俊杰和朱兰婷(嘉宾)房间保密
签单权限：团队名单中有签单权的每天2000元消费权，其他房间没有
宴会需求：11.16宴会厅庆功宴10桌，演唱会结束后23:00开始
安保需求：保安部11.14起加强对7楼的监控和巡视

案例分析

有一天，南京某五星级饭店前厅部的小王接到一位美国客人从上海打来的长途电话，想预订两间每天收费在120美元左右的标准间客房，三天以后开始住店。

小王马上翻阅了一下订房记录表，回答客人说由于三天以后饭店要接待一个大型国际会议的多名代表，标准间客房已经全部订满了。小王讲到这里并未就此把电话挂断，而是继续用关心的口吻说："您是否可以推迟两天来，要不然请您直接打电话与南京其他同档次饭店去联系询问如何？"

美国客人说："南京对我们来说是人地生疏，你们饭店比较有名气，还是希望你给想想办法。"

小王暗自思量以后，感到应该尽量不使客人失望，于是接着用商量的口气说："感谢您对我们饭店的信任，我们非常希望能够接待像您这样尊贵的客人，请不要着急，我很乐意为您效劳。我建议您和您的朋友来南京后，可以先住两天我们饭店内的套房，套房内有红木家具和古玩摆饰，在套房里您还可以眺望紫

金山的优美景色，并且我们提供的服务也是上乘的，这样一间套房每套每天也不过收费200美元，相信您们住了以后一定会满意的。"

小王讲到这里故意停顿一下，以便等客人的回话，对方沉默了一会儿，似乎在犹豫不决，小王于是又开口说："我想您并不会单纯计较房费的高低，而是在考虑这种套房是否物有所值，请问您什么时候乘哪班火车来南京？我们可以派车到车站接您，到店以后我一定陪您和您的朋友亲自参观一下我们的套房，然后再决定也不迟啊。"

美国客人听小王这么讲，倒感到有些盛情难却了，最后终于答应先订两天套房后挂上了电话。

【问题】前厅部小王为什么能够成功说服客人接受价格较高的套房？

【分析】前厅员工在平时的岗位促销时，一方面要通过热情的服务来体现；另一方面则有赖于主动、积极的促销，只有掌握销售心理和语言技巧才能奏效。

上面案例中的小王在促销高档客房时，确已掌握了本项目"客房销售技巧"中的"强调客人受益"的方法，也就是要使客人的注意力集中于他付钱租了房后能享受哪些服务，要将客人的思路引导到这个房间是否值得甚至超过他所付出的。小王之所以能成功，在于他不引导客人去考虑盲从，而是用比较婉转的方式进行"鱼尾式报价"，以减少对客人的直接冲击力，避免使客人难于接受而陷入尴尬。小王的一番话使客人感觉自己受到尊重，并且提出了中肯、合乎情理的建议，在这种情况下，客人反而很难加以否定回答说个"不"字，从而终于实现了饭店前厅部积极主动促销的正面效果。

资料来源：豆丁网 www.docin.com

5.4 处理入住期间的常见问题

5.4.1 换房

客人办理入住登记手续后，对客房的位置、朝向、大小、设备使用情况等方面有了较为清楚的了解，在此情况下有的客人会觉得房间不够理想。这时，客人就会向前台提出换房要求，饭店应尽可能满足客人的要求。

饭店有时也会由于自身的原因要求换房。如客房设备损坏，维修需较长时间，饭店会主动为客人换房；住客超过原计划住店天数续住，而事先其他指定预订该房的客人又快要入住时，饭店也可能要求原住客换房。

在了解换房原因后，接待员应查看房态状况，看是否有和客人原住房档次相同的客房。如果换房后房间档次提高了，是客人原因要求换房的，则要加收房租；是饭店原因就不需要，但要对客人带来的不便表示歉意。然后填写换房单(见表5-4)，由行李员分发至相关部门，做好协调工作。如客房部应检查并清扫原住房；礼宾部应提供换房时的行李服务；电话总机应更改住客资料，方便电话转接和留言的处理等。若酒店使用前台管理系统软件，则可直接在电脑系统里修改，不用填写并分发换房单，其他各接待部门也能在同一个系统中看到各房间的房态变化。

表 5-4　换房单

换 房 单
ROOM CHANGE LIST

宾客姓名
Guest Name _____

房号　　由 _____　　　变更为
Room No. From _____　To _____

房租　　由 _____　　　变更为
Room Rate From _____　To _____

日期 _____　　　　　　时间
Date _____　　　　　　Time _____

分送　Distribution
☐ 前　台　Front Desk　　　　　☐ 客房部　Housekeeping
☐ 礼宾部　Concierge　　　　　　☐ 总机房　Switchboard
☐ 洗衣场　Laundry

接待员
Receptionist _____

5.4.2　加床

一个标准间，正常情况下只能住两个成年人，如要住三个成年人，则需加床。客人加床大致分两种情况：一是客人在办理登记手续时要求加床，二是客人在住宿期间要求加床。饭店要按规定为加床客人办理入住登记手续，并为其签发房卡，房卡中的房租为加床费，加床费将转至住客付款账单上。如果客人在住宿期间要求加床，第三个客人在办理入住登记手续时，入住登记表需由支付房费的住客签名确认。

5.4.3　押金不足

饭店客源复杂，客人付款方式多样，饭店坏账、漏账、逃账的可能性始终存在。客人在办理入住登记手续时，如果表示用现金支付费用时，饭店为了维护自身的利益，常要求客人预付一定数量的押金，结账时多退少补，特别是首次住店的客人、无行李的客人、及以往信用不良的客人。押金的数额一般为房费的两倍，主要是为方便客人在餐厅等部门的签单消费、使用房间内长途电话、饮用房间内小酒吧的酒水、洗衣费签单等，当然也是作为客人使用房间内设备、设施的押金，如果拿走或损坏客房的用品则需照价赔偿。

在某些时候，客人的钱只够支付房费，而不够支付额外的押金。遇到这种情况，接待员应做出相应的处理。如只发放钥匙卡，不发放能签单的房卡，通知电话总机关掉长途线，通知客房楼层收走房内的酒水等。

5.4.4 续住

接到客人续住要求后,要问清客人的姓名、房号、续住时间,然后查看当日和近期的客房预订情况,核实客人续住是否会导致超额预订。在饭店旺季期间,更要特别注意这个问题。接着请客人重新交纳押金,收回原有的房卡,发放新的房卡。最后还应更改电脑中客人的离店日期,并通知客房部楼层客人的续住情况。

5.4.5 访客查询

接待处经常会接受打听住客情况的问讯,例如客人是否在饭店入住、入住的房号、客人是否在房间、是否有合住及合住客人的姓名等。接待员应根据具体情况区别对待。

1. 查询客人是否入住

客人是否入住本店,接待员应如实回答(住客要求保密的除外)。接待员可通过查阅电脑系统,确定客人是否已入住;查阅今日预抵客人名单,核实该客人是否即将到店;查阅当天已结账的客人名单,核实该客人是否已退房离店;查阅今后的预订名单,了解该客人今后是否会入住。如客人尚未抵店,则以"该客人暂未入住本店"答复访客;如查明客人已退房,则应向对方说明情况。已退房的客人,除有特殊交代之外,一般不应将其他信息告诉他人。

2. 查询客人入住房号

为住客的人身财产安全着想,接待员不可随便将住客的房号告诉第三者,如要告诉,则应取得住客的许可或让访客通过电话与住客联系。

3. 查询客人是否在房间

接待员应先确认被查询的客人是否为住客,如是住客则应核对房号,然后打电话给住客,如住客在房内,则应问清访客的姓名,征求住客意见,将电话转进客房;如客人已外出,则要征询访客意见,是否需要留言。

4. 查询住客其他情况

接待员应为住客保密,不可将住客姓名、家庭地址及其单位名称告诉给对方,除非是饭店内部员工由于工作需要的咨询。

5. 住客要求保密的处理

有些客人在住店时,由于某种原因,会提出对其房号进行保密的要求。接待员接受此要求应按下列要求去做:

(1) 问清客人保密程度。比如对接听电话的要求,是只接听长途不接听本地电话,还是来电一律不接听;又如对来访客人的要求,是只会见某一访客还是一律不见等。

(2) 在值班本上做好记录,记下客人姓名、房号及保密程度和时限。

(3) 通知电话总机房做好该客人的保密工作。

(4) 如有人来访要见保密的客人，或来电查询该客人时，接待员及总机均应以该客人没有入住或暂时没有入住为由予以拒绝。

(5) 如客人要求更改保密程度或取消保密时，应即刻通知电话总机房，并做好记录。

5.4.6 卖重房

卖重房(Double Check-in)，简单地说，就是把同一间客房，重复出售给不同的客人。有时由于工作疏忽，接待处将客房已售出，但房态未能及时更改过来，导致该房间重新销售；有时由于未能与客房部保持及时的信息沟通而无法掌握最新的楼层实际房态，也会导致卖重房。

卖重房会使该客房的原住客和新来的客人不悦，会给服务质量带来较大的负面影响，所以饭店应充分重视这个问题，特别是以手工操作为主的饭店。为了有效预防，行李员带新入住的客人进房前，应先敲门，如果发现客房内有住客，应马上向双方客人致歉，然后请新入住客人在楼层稍候，电话报告接待处。接待处核实情况后，应马上找出一间相近楼层同类型的客房，填写和制作新的房卡，安排另一行李员送上楼层，并收回原来的房卡。

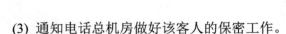

案例分析

凌晨一时许，张先生从外面应酬回来，拖着疲惫的身躯，打开 328 的房门，心想终于可以好好休息了。将灯打开，猛然间发现床上赫然躺着一个熟睡的陌生人，而对方也被突如其来的灯光给吓醒了，看到有人半夜进来，大呼："你是谁？怎么三更半夜地跑到我的房间里来了？"无辜的张先生以为自己真走错了房间，便拿着房卡来到总台。经服务员读卡确认后，却是 328 的房卡，此时出于职业的敏感，服务员已经察觉到可能是上一班人员卖重房了，赶紧向 A 先生道歉，便急忙给客人重新安排了一间房间。

没过几分钟，被惊醒的 328 房间的客人打来了电话，怒吼道："你们怎么搞的，怎么让陌生人来我的房间，房费我不付了，让你们老总马上向我道歉。"说完便啪的一声挂了电话。面对这样难收拾的场面，服务员小英还是第一次碰到，这么晚了，只能请示值班经理，经过值班经理的再三道歉，并答应客人免掉今天的房费，客人的怒气才算平息。

后经调查，原来是中午房间比较紧张，张先生拿走的 328 是属于脏房入住，但中班接待员小刘忙乱中也忘记通知房务中心及时修改 328 房态，此外张先生拿走房卡就出去应酬了，未进入 328 房间，所以楼层服务员在查房时也未能发现任何疑义，就这样导致了二次卖房的发生，事后，服务员小刘依照规定受到处罚。

【分析】卖重房事件，属于前厅接待中的高压线，总台接待员小刘负有不可推卸的责任。从另一个角度来说，也警示我们，总台服务不仅要讲求高效率，更要讲求细致、细心服务。

资料来源：中国旅游交易网 www.17u.net

学 习 小 结

本章描述了临时住宿登记表和房卡套的填写内容、办理入住登记手续的各类有效证件和目的，介绍了普通散客的入住接待程序、团队入住接待程序、商务楼层客人和 VIP 的入住接待程序，客房销售技巧、前厅销售内容和要求，阐述了客房报价方法、卖重房的处理方法、宾客押金不足情况的处理方法，以及入住期间其他常见问题的处理。

【思考与实践】

1. 除了熟记客人的姓名之外，还可以有哪些做法让客人有"家外之家"的感觉？
2. 办理入住登记手续的目的是什么？
3. 办理入住登记手续时需要填写哪些表格？
4. 分组分角色模拟训练以下各类宾客的入住接待工作。要求程序完整、电脑操作正确、语言动作规范。用品准备：电脑、前台管理系统软件、住宿登记表、房卡、房卡套、有效证件、信用卡等。

1) 未预订散客的入住接待

操作程序	操作要求
1. 接受入住	(1) 当客人办理入住手续时，首先要查清客人是否有预订；若饭店出租率高，需根据当时情况决定是否可接纳无预订客人入住。 (2) 确认客人未曾预订，饭店仍可接纳时，表示欢迎客人的到来，并检查客人在饭店是否享有特殊价或公司价。 (3) 在最短时间内为客人办理完入住手续
2. 确认房费和付款方式	(1) 办理入住手续时要和客人确认房费。 (2) 确认客人的付款方式，按规定收取预付款
3. 收取预付款	(1) 若客人以现金结账，应预先收取客人的押金。 (2) 若客人以信用卡结账，应对客人的信用卡进行预授权，并按相关程序办理
4. 信息储存	(1) 客人接待完毕后，立即将所有相关信息输入计算机系统，包括客人姓名、地址、付款方式、国籍、证件号码、抵离店日期等。 (2) 将相关的信息存入客人的档案。 (3) 入住登记表要存放至客人入住档案，以便查询

2) 长住客的入住接待

操作程序	操作要求
1. 签订合同	长住客人均要与饭店签订合同，一般至少留住一个月左右。
2. 抵店时的接待	(1) 当长住客人抵达饭店时，可按照 VIP 客人接待程序的标准进行。 (2) 总台接待员立刻将所有信息输入计算机，并在计算机中注明该客人为长住客。 (3) 为客人建立两份账单，一份为房费单，另外一份为杂项账目单。 (4) 客人信息确认无误后，为客人建立档案
3. 付款程序	(1) 长住客与饭店签有合同，且留住时间至少为一个月，总台每月结算一次长住客的账目，并汇总其他消费账单一起转交财务部。 (2) 财务部检查无误后，将总账单发送至客人，请其付清本月款项。 (3) 客人检查账目无误后，携带所有账单到总台付账。 (4) 总台将客人已付清的账单转交回财务部存档

3) 团队宾客的入住接待

操作程序	操作要求
1. 准备工作	(1) 按照团队要求提前分配好房间。 (2) 在团队到达前，预先准备好团队房卡，并与客房部联系确保房间为空房
2. 接待工作	(1) 饭店相关员工告知领队和团队客人有关事宜，其中包括用餐地点、饭店和房内的设施设备等。 (2) 接待员与领队确认团队人数、房间数及叫早时间、用早餐时间、团队离店日期等。 (3) 总台接待员协助领队发放房卡，并告知客人电梯的位置
3. 信息储存	(1) 入住接待办理完毕后，总台接待员将准确的团队房间号名单转交行李部，以便行李的发送。 (2) 及时将团队的所有相关信息输入计算机

5. 客房销售有哪些技巧？
6. 接待员在销售客房时可以有哪些报价方法？
7. 如何预防和处理卖重房事件的发生？
8. 宾客押金不足时可以有哪些合理的处理方法？
9. 分组分角色模拟训练宾客的换房工作，程序和要求如下：

操作程序	操作要求
1. 准备工作	(1) 弄清换房原因。 (2) 填写换房单
2. 更换工作	(1) 更换房卡。 (2) 提供换房行李服务。 (3) 将换房单送至其他相关部门。 (4) 客房部清扫原住房
3. 信息储存	(1) 更改计算机系统内的房态，做好换房记录。 (2) 在客史档案内留下客人房间偏好信息

第6章 前厅部的其他业务

本章概要

- 委托代办服务的内容
- 金钥匙及其岗位职责
- 散客入住行李服务规范
- 前台贵重物品寄存规范
- 电话总机的服务要求
- 商务中心的服务规范

学习目标

- 掌握散客入住行李服务的规范
- 熟悉金钥匙及其岗位职责
- 了解委托代办服务的内容
- 掌握前台贵重物品寄存规范
- 掌握电话总机服务的基本要求
- 熟悉转接电话的规范
- 了解电话总机房的其他功能
- 掌握打印、复印、收发传真的服务规范

案例导读

MR Awadi 是参加某交易会的一位巴林籍富商，他对每件事要求都很高，他在春交会首次入住某酒店，此客人在住店期间多次向酒店金钥匙请求协助。4月26日下午，MR Awadi 急需将一重要资料寄往北京某酒店的住客，并且要求必须在次晨的八点前抵达收件人手中，由于当时已是下午四时，故客人在没有办法的情况下请求该酒店金钥匙帮忙。客人表示只要能顺利送件，不介意为此支付昂贵费用。金钥匙了解后，尝试联系多间快递公司均未能达到客人要求，最终通过金钥匙服务平台与机场管理办公室取得联系，其建议将所寄资料放在当晚飞往北京的最后一班航班上，顺道送往北京。该酒店金钥匙立即安排行李员将所寄资料送至机场，另一方面协助客人与北京的收件人取得联系，并转告其有关收件事项。当天晚上飞机抵达北京，收件人顺利接收资料，客人对酒店的个性化服务高度赞扬。

4月29日，MR Awadi 希望该酒店金钥匙能为其外租高档车，在次日送其及儿子车游广州，并最后直抵香港机场乘坐飞机返回巴林。由于 MR Awadi 在当日参加交易会时不慎触伤旧脚患，长时间站立容易引起不适，故希望酒店金钥匙能为其安排免过境检查的特快通过服务，并愿意为此支付费用。了解客人需求后，该酒店金钥匙利用金钥匙服务知识与能提供相关特别服务的高档租车公司取得联系并得以落实，更按客人要求为其设计了车游广州的路线，客人对酒店服务再次高度赞扬。第二天，客人顺利抵达香港机场，还在回国后发传真表示对酒店服务的满意及感谢。

【分析】随着社会经济的发展，住店的客人对服务的要求也正在不断地提高。顾客除了要求来得顺利、住得舒服、走得高兴以外，往往在住店期间的一些私人事情也希望得到帮助，而能否向客人提供协助，这正是体现酒店服务水平的关键所在。金钥匙正是充当搭建酒店与客人之间桥梁的设计师和建筑师角色。通过友谊与协作，满足客人合理合法的个性化需求，想客人之所想，想客人之未想，以极致的服务为客人带来满意加惊喜！这正是金钥匙服务的精髓所在。

金钥匙服务是建立在一般服务基础上的主动服务，在客人没有提出要求前，就想方设法地考虑客人有什么服务上的需求。通常为客人提供常规的服务，只能满足客人的要求，达成客人的愿望，得到的结果只会让客人"满意"。但根据客人所需提供个性化服务，不但可以满足客人的要求，而且为客人提供的服务是超过客人期待值的，得到的结果可以让客人感到"满意 + 惊喜"。

资料来源：职业餐饮网 www.canying168.com

6.1 掌握礼宾服务规范

前厅部为宾客所提供的服务项目和管辖范围因其所属饭店的规模、种类不同而存在差异。但在宾客心目中，前厅礼宾服务是能提供全方位"一条龙服务"的岗位，其英文名称为"Bell Service"或"Concierge"。为了能统一指挥、协调前厅礼宾员工的对客服务，饭店常在大堂某一区域设置礼宾值班台，由礼宾司或具有较丰富经验的礼宾员工担任值台工作。饭店礼宾服务由前厅礼宾部(有的饭店称为行李部)提供宾客迎送、行李安排、委托代办等各项服务。

6.1.1 宾客迎送服务

宾客迎送服务主要由饭店代表、门童(迎宾员)(如图 6.1)及行李员(如图 6.2)提供。饭店宾客迎送服务分为机场(车站、码头)迎送和饭店门厅迎送两种。

图 6.1 门童

图 6.2 行李员

1. 机场(车站、码头)迎送服务

店外迎送服务主要由饭店代表提供。饭店在其所在城市的机场、车站、码头设点,派出代表,接送抵离店的客人,争取未预订客人入住本饭店。这是饭店设立的一种服务规范,既是配套服务,也是饭店根据自己的市场定位所做的一项促销工作。为了做好服务工作,饭店为客人提供接车服务,一方面于旺季在饭店与机场(车站)之间开设穿梭巴士(Shuttle Bus),另一方面根据客人的要求指定专门的有偿车辆服务。

饭店代表每天应掌握预抵店客人名单;应向订房部索取"宾客接车通知单",了解客人的姓名、航班(车次)、到达时间、车辆要求及接待规格等情况;然后安排车辆、准备饭店标志牌,做好各项准备工作;及时了解航班变更、取消或延迟的最新消息,并通知饭店前厅接待处。

在飞机、火车抵达时,要准备标明宾客姓名的饭店提示牌,以引起客人注意。接到客人后,应代表饭店向客人表示欢迎,同时提供行李服务,安排客人上车。客人上车离开机场(车站)后,马上电话通知饭店接待处,以便做好准备工作,如果客人属贵宾,则应通知饭店大堂副理,并告知其客人离开机场(车站)的时间,请他安排有关部门做好迎接工作。

如果客人漏接,又未联系到客人,则应及时与饭店接待处联系,查核客人是否已经到达饭店,并向有关部门反映情况,以便采取弥补措施。

在机场(车站)设点的饭店,一般都有固定的接待地点,且有饭店的明显标志,如店名、店徽及星级等。饭店代表除迎接有预订的客人外,还应积极向未预订客人推销本饭店,主动介绍本饭店的设备设施情况，争取客人入住。有些饭店还利用穿梭巴士免费送客人到饭店。

饭店代表除迎接客人和推销饭店产品外还向本饭店已离店客人提供送行服务，为客人办理登机手续，提供行李服务等。

2. 饭店门厅迎送服务

门厅迎送服务，是对宾客进入饭店正门时所进行的一项面对面的服务。饭店门童、迎宾员或行李员，是代表饭店在大门口迎送宾客的专门人员，是饭店形象的具体表现。门厅迎接员要承担迎送客人，调车，协助保安员、行李员等人员工作的任务，通常应站在大门的两侧或台阶下、车道边。

1) 迎客服务

(1) 将宾客所乘车辆引领到适当的地方停车，以免饭店门前交通阻塞。

(2) 趋前开启车门，用左手拉开车门成70°角左右，右手挡在车门上沿，为宾客护顶，防止宾客碰伤头部(如图6.3所示)，并协助宾客下车。若遇有行动不便的宾客，则应扶助他们下车，并提醒其注意台阶；若遇有信仰佛教或信仰伊斯兰教的宾客，则无须为其护顶；若遇有雨天，应为宾客提供撑雨伞服务，并将宾客携带的湿雨伞锁在伞架上。

图6.3 行李员为客人护顶

(3) 面带微笑，使用恰当的敬语欢迎前来的每一位宾客。

(4) 协助行李员或客人卸行李，注意检查有无遗漏物品。

(5) 引领宾客进入饭店大堂。

2) 送行服务

(1) 召唤宾客的用车至便于宾客上车而又不妨碍装行李的位置。

(2) 协助行李员或客人将行李装上汽车的后舱，请宾客确认无误后关上后舱盖。

(3) 请宾客上车，为宾客护顶，等宾客坐稳后再关车门，切忌夹住宾客的衣、裙等。

(4) 站在汽车斜前方 0.8～1 米的位置，亲切地说"再见"、"一路顺风"等礼貌用语，挥手向宾客告别，目送宾客。

3) 贵宾(VIP)迎送服务

门厅贵宾迎送是饭店给下榻的重要宾客的一种礼遇。门厅迎接员应根据前厅预订处发出的接待通知，做好充分准备。

(1) 根据需要，负责升降相关旗帜。

(2) 负责维持大门口秩序，协助做好安全保卫工作。

(3) 讲究服务规格，并准确使用贵宾姓名或头衔向其问候致意。

6.1.2 行李服务

行李服务是前厅服务的一项重要内容，由行李员负责提供。内容主要包括宾客行李搬运和行李寄存保管等服务。

1. 散客行李服务的程序与标准

1) 散客入住行李服务

(1) 散客抵店时，行李员帮助客人卸行李，并请客人清点过目，准确无误后，帮助客人提拿，但对于易碎物品、贵重物品，可不必主动提拿，如客人要求帮助，行李员则应特别小心，轻拿、轻放，防止丢失和破损。

(2) 行李员手提行李走在客人的左前方，引领客人到接待处办理入住登记手续，如为大宗行李，则需用行李车(如图 6.4 所示)。

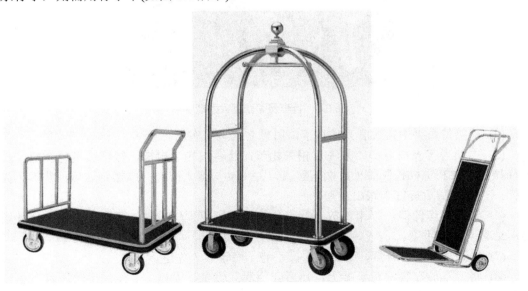

图 6.4 各类行李车

知识链接

如何使用行李车？

酒店行李车主要有不锈钢行李车、钛金行李车、铜质行李车三种。酒店里运送行李按照"重下轻上"、"大下小上"、"耐压在下易损在上"等原则。一些小件的物品，较轻的物品放在上面，而行李员又是拉着车子前行，就很可能丢落一些小件的行李而未能察觉。这样就给客人带来损失，也影响了酒店的服务质量。倘若是推着前行，车上的行李一览无余，行李已经掉落或者即将掉落都可以及时发现并阻止。

行李车不仅要推，而且还应"万向轮在后固定轮在前"。电梯内空间较为狭小，使用行李车时怎样才能快速和最大限度留出空间给客人使用？实践证明：万向轮在后推着前行就一解决这个问题，当行李车与电梯门垂直推进电梯门后，偏离15度至30度向前推，前方靠边后将后方向旁边靠，因为万向轮在后方就比较容易做到。相反，若活动轮在前，前方虽然也可以快速靠边，但后方因为是固定轮就没那容易移动，只能将行李车搬动靠边，在行李较重的情况下就不容易做到。

(3) 客人到达接待处后，行李员站在客人身后，距客人2～3步远，行李放于面前，随时听候客人及接待员的召唤，如图6.5所示。

图6.5　行李员等候客人办理手续

(4) 从接待员手中接过客人的房卡，引领客人进入客房。

(5) 主动为客人按电梯，并注意相关礼节：让客人先进电梯，行李员进电梯后，按好电梯楼层，站在电梯控制牌处，面朝客人，并主动与客人沟通；电梯到达后，让客人先出电梯，行李员随后提行李跟出。

(6) 到达客房门口，行李员放下行李，按饭店既定程序敲门、开门，以免接待处卖重客房给客人造成不便。

(7) 打开房门后，开灯，退出客房，手势示意请客人先进。

(8) 将行李放在客房行李架上，然后介绍房间设备、设施，介绍时手势不能过多，时间不能太长，以免给客人造成索取小费的误解。

(9) 行李员离开客房前，应礼貌地向客人道别，并祝客人住店愉快。

(10) 返回礼宾部填写"散客行李(入店/出店)登记表"。

散客入住行李服务操作要点见表6-1。

表6-1 散客入住行李服务操作要点

内　　容	具 体 要 求
1. 迎接客人	替客人开车门，用手护住车顶，向客人问好
2. 搬运行李	请客人清点行李，检查有无破损，轻拿轻放
3. 带客登记	走在客人左前方两三步远，引领到接待处办手续
4. 等候客人	站在客人身后两米远，行李放在身前，听候召唤
5. 乘坐电梯	按电梯按钮，请客人先进电梯，站在楼层按钮旁
6. 介绍饭店	介绍饭店的营业部门和服务项目，回答客人问题
7. 离开电梯	提示客人到了，请客人先出电梯，挡好电梯门
8. 带入客房	先敲房门，帮客人开门开灯，请客人先进客房
9. 介绍客房	介绍房内的设施设备，询问是否还有其他要求
10. 退出客房	向客人道别，祝客人住店愉快，轻轻关上房门

2) 散客离店行李服务

(1) 当宾客打电话要求收取行李将要离店时，行李员需问清楚宾客房间号码、行李件数和收取行李时间。

(2) 行李员在散客离店登记单上填写房间号码、时间、行李件数，并根据房间号码迅速收取宾客行李。

(3) 在五分钟之内到达宾客房间，轻敲三下房门告知宾客"行李服务"；待宾客开门后，向宾客问候，和宾客一起确认行李件数，并帮助宾客检查是否有遗留物品。

(4) 行李员把宾客行李放置在行李台旁边，告知领班宾客房间号码，站在一旁等候宾客办理离店手续。

(5) 确认宾客已付清全部房费办理完离店手续后，引导宾客出店，帮助宾客将行李放入车内。

(6) 为宾客打开车门，请宾客上车。

(7) 向宾客礼貌告别，并欢迎宾客再次入住本酒店。

(8) 待送完宾客后，回到行李台登记房号、行李件数、时间。

2. 团体行李服务的程序与标准

1) 团体入住行李服务

(1) 团体行李到达时，行李员推出行李车，与行李押运员交接行李，清点行李件数，检查行李有无破损(如图6.6所示)，然后双方按各项规定程序履行签收手续。此时如发现行李有破损或短缺，应由行李押运单位负责，请行李押运人员签字证明，并通知陪同及领队。如行李随团到达，则还应请领队确认签字。

图 6.6 团队行李装运

(2) 填写"团体行李登记表"。

(3) 如行李先于客人抵店，则将行李放到指定的地点、标上团号、然后将行李罩上行李罩存放。注意不同团体的行李之间应留有空隙。

(4) 在每件行李上挂上饭店的行李标签，待客人办理入住登记后根据接待处提供的团体分房表，认真核对客人姓名，并在每张行李标签上写上客人房号。填写房号要准确、迅速，然后在团体行李登记表的每一房号后面标明入店的行李件数，以方便客人离店时核对。如某件行李上没有客人姓名，则应把行李放在一边，并在行李标签上注明团号及入店时间，然后将其放到行李房储存备查，并尽快与陪同或导游联系确定物主的姓名、房号，尽快送给客人。

(5) 将写上房号的团体行李装上行李车。装车时应注意以下几点。

① 硬件在下、软件在上，大件在下、小件在上，并特别注意有"请勿倒置"字样的行李。

② 同一团体的行李应放于同一趟车上，放不下时分装两车，同一团体的行李分车摆放时，应按楼层分车，应尽量将同一楼层或相近楼层的行李放在同一趟车上。

③ 如果同一层楼有两车行李，应根据房号装车；同一位客人有两件以上的行李，则应把这些行李放在同一车上，应避免分开装车，以免客人误认而丢失行李。

④ 遵循"同团同车、同层同车、同侧同车"的原则。

(6) 行李送到楼层后，按房号分送。

(7) 送完行李后，将每间客房的行李件数准确登记在团队入店行李登记表上，并按团体入住单上的时间存档。

2) 团体离店行李服务

(1) 仔细审阅前台送来的团队离店名单，与团队入店时填写的"团队行李接送登记表"核对，并重建新表。

(2) 依照团号、团名及房间号码到楼层收取行李。与宾客确认行李件数，如宾客在房间，则检查行李牌号及姓名；如宾客不在房间，又未将行李放在房间外，应及时报告领班，请领班出面解决。

(3) 根据酒店指定位置摆放行李，并罩好，以免丢失。

(4) 统计行李件数的实数是否与登记数吻合，与陪同或领队一起确认件数，若无误，请其在团队离店单上签字。

(5) 问清团队行李员所取行李的团号和团名，待团队行李员确认完行李件数后，请其在离店单上签上姓名及车牌号。

(6) 当从前台得到该团行李放行通知后，方可将行李搬运上车。

(7) 填写团队行李离店登记单并存档。

3. 换房行李服务

(1) 接到接待处的换房通知后，到接待处领取"换房通知单"，弄清客人的姓名、房号及换房后的房号。

(2) 到客人原房间楼层，将"换房通知单"中的一联交给服务员，通知其查房。

(3) 按进房程序经住客允许后再进入客房，请客人清点要搬的行李及其他物品，将行李装车。

(4) 引领客人到新的房间，为其开门，将行李放好，必要时向客人介绍房内设备设施。

(5) 收回客人原来的房卡，交给客人新的房卡。

(6) 将原房卡交回接待处。

(7) 做好换房工作记录。

4. 行李寄存服务

由于各种原因，客人希望将一些行李暂时存放在礼宾部。礼宾部为方便住客存取行李，保证行李安全，应有专门的行李房并建立相应的制度，同时规定必要的手续。

1) 对寄存行李的要求

(1) 行李房不寄存现金、金银首饰、珠宝、玉器以及护照等身份证件。上述物品应礼貌地请客人自行保管，或放到前厅收款处的保险箱内免费保管。已办理退房手续的客人如想使用保险箱，须经大堂副理批准。

(2) 饭店及行李房不得寄存易燃、易爆、易腐烂或有腐蚀性的物品。

(3) 不得存放易变质食品、易蛀仪器及易碎物品。如客人坚持要寄存，则应向客人说明饭店不承担赔偿责任，并做好记录，同时在易碎物品上挂上"小心轻放"的标牌。

(4) 如发现枪支、弹药、毒品等危险物品，要及时报告保安部和大堂副理，并保护现场，防止发生意外。

(5) 不接受宠物寄存。饭店一般不接受带宠物的客人入住。

(6) 提示客人行李上锁。对未上锁的小件行李须在客人面前用封条将行李封好。

案例分析

宠 物 寄 存

巴德先生和巴德太太是来自英国的一对老年夫妇，都是十足的"中国迷"。在春光明媚的5月，巴德夫妇准备去著名旅游城市——苏州，并选择了同样著名的一家国际连锁酒店作为他们临时的"家"。

一天下午，巴德夫妇的出租车停在了酒店的门口。行李员立即上前开门，他热情地招呼客人："你们好！我们已经恭候多时了，欢迎光临！"巴德太太笑眯眯地对丈夫说："你看，中国人就是好客。"此时，行李员已在忙着为客人搬运行李了。巴德夫妇的行装可真庞大，占满了整个后车厢。当他们搬完行李准备关上车门时，巴德太太喊了起来："哦，等等，还有我的'小雪球'呢，它还没睡醒吗？"说着，转身又从车内抱出了一条浑身雪白的小狗。行李员一看这情景就犯愁了，心想：这下可麻烦了，按酒店的规章制度，宠物是不允许入内的。可眼前这位巴德太太抚摸小狗的喜爱之情，又让他感到很为难。他只好与大堂经理商量，最后决定由大堂经理出面告诉客人宠物不得入内的规定。大堂经理考虑到巴德夫妇来自外国的特殊情况，特别允许他们将小狗暂时寄存在行李房。巴德太太得知这个消息，认同地点点头，高兴地把小狗抱给行李员。

没想到，第二天，麻烦就来了：小狗因不适应行李房的环境，不断地挣扎，结果把自己绕到绑在脖子上的铁链子里去了，一条腿被铁链子磨出了血。行李员发现这个情况后，立即汇报给了大堂经理。大堂经理提起桌子上的电话，准备打电话告诉巴德太太，但一想，巴德太太听到这个消息后会有什么反应呢？她想，此事还得三思而后行……

【问题】
请问：大堂经理应采取怎样稳妥的措施？

【分析】
方法一：还是打电话把情况如实告诉巴德太太，让她自己来处理这事。
方法二：先请兽医来为小狗处理伤势，待包扎好后再通知巴德太太。
方法三：立即通知巴德太太小狗受伤的消息，向她表示道歉，并表示饭店愿意协助。
方法二较为稳妥。启示：若客人的寄存物品发生损坏或遗失，应在第一时间告诉客人，不能隐瞒或拖延否则后果将更严重；客人有困难时，饭店员工不能视而不见，更不要知难而退，应将其提供超常规服务的机会。

2）行李寄存程序
(1) 宾客前来寄存行李时，行李员应热情接待，礼貌服务。
(2) 弄清客人行李是否属于饭店不予寄存的范围。
(3) 问清行李件数、寄存时间、宾客姓名及房号。
(4) 填写"行李寄存单"，并请客人签名，上联附挂在行李上，下联交给客人留存，告知客人下联是领取行李的凭证。
(5) 将半天、一天、短期存放的行李放置于方便搬运的地方；如一位客人有多种行李，要用绳系在一起，以免错拿。
(6) 经办人须及时在"行李寄存记录本"上进行登记，并注明行李存放的件数、位置及存取日期等情况。如属非住客寄存、住客领取的寄存行李，应通知住客前来领取。

 小资料

某酒店行李房管理规范

(1) 行李房是为客人寄存行李的重地，严禁非行李房人员进入。
(2) 行李房钥匙由专人看管。

(3) 做好"人在门开，人离门锁"。
(4) 行李房内严禁吸烟、睡觉、堆放杂物。
(5) 寄存行李要摆放整齐。
(6) 寄存行李或行李车上必须系有"行李寄存单"。

5. 函件、表单的递送

进入饭店的函件以及饭店各部门的表单，通常由行李员分送到相应的部门、个人或住客手中。

进入饭店的函件，经核查、登记后，由行李员进行分送。常见的函件有：传真、电传及报纸、杂志和信件等。对于平信、报纸等可由行李员或楼层服务员送入客房。而对于包裹、邮件通知单、挂号信、汇款单、特快专递等，则须由客人直接签收。

饭店各部门的表单，也由行李员进行传递，由有关部门、班组人员签收并注明签收时间。常见的表单有：留言、各种报表、前厅的各种单据等。

行李员在传递函件、表单时，要注意尽量走员工通道，乘坐员工电梯。

6.1.3 "金钥匙"服务

1. "金钥匙"

"金钥匙"是一种"委托代办"(Concierge)的服务概念。"Concierge"一词最早起源于法国，指古代酒店的守门人，负责迎来送往和酒店的钥匙，但随着酒店业的发展，其工作范围在不断扩大，在现代酒店业中，Concierge已成为客人提供全方位"一条龙"服务的岗位，只要不违反道德和法律，任何事情Concierge都尽力办到，以满足客人的要求。其代表人物就是他们的首领"金钥匙"，他们见多识广、经验丰富、谦虚热情、彬彬有礼、善解人意。

"金钥匙"的服装上面别着十分形状的金钥匙，这是委托代办的国际组织——"国际饭店金钥匙组织联合会"会员的标志(如图6.7所示)，它象征着"Concierge"就如同万能的"金钥匙"一般，可以为客人解决一切难题。

"金钥匙"尽管不是无所不能，但一定要做到竭尽所能，这就是"金钥匙"的服务哲学。

图6.7 金钥匙标志

知识链接

金钥匙组织的起源与发展

关于"Concierge"一词的来源有一个很有趣的说法,一种说法是来源于拉丁文,语意为"保管"、"管理"或是"仆人";我们却宁愿选择另一种说法,即古代法语的衍生意思,那能让我们寻回封建时代Concierge发展的轨迹,这个词为"Comte des cierge"(蜡烛伯爵,即保管蜡烛的人),是负责满足一些到豪华场所娱乐的贵族们的奇想和渴望,以及其他需求的人)。

古代,在荒无人烟的边境地区,照顾过往的旅行商队的人,我们叫他们"Concierge",这种职业在中世纪传到欧洲、在一些知名的政府建筑、宫廷和城堡里,"Concierge"变成"钥匙的保管人"。

1800年,随着陆上铁路和游轮的增加并初具规模,旅游业欣欣向荣,现代酒店的"Concierge"诞生了。

1929年10月8日,来自法国巴黎Grand Hotel酒店的11个委托代办建立了金钥匙协会,协会章程允许金钥匙们通过提供服务而得到相应的小费,他们发现那样可以提高对客服务效率、随之还建立了城市内的联系网络。欧洲其他的国家也相继开始建立类似的协会。

1952年4月25日,来自9个欧洲国家的代表在法国东南部的夏纳(Cannes)举行了首届年会(Congress)并创办了"欧洲金钥匙大酒店组织"("Union Europeene des Portiers des Grand Hotel"),简称 UEPGH。

斐迪南·吉列先生是一名金钥匙,他为金钥匙事业呕心沥血,是金钥匙组织的主要创始人,并被尊称为"金钥匙之父"。

1970年,UEPGH成为"国际金钥匙大酒店组织"(Union International Portiers Grand Hotel)。简称 UIPGH,这一联盟的成立象征着不只在欧洲,而且来自全球的不同国家都在争取加入金钥匙组织;1994年,"UIPGH"又改变了它的名字为"UICO";在1997年又改变成了今天的名称"UICH"("Union Internationale Des Concierges D'hotels")。

国际饭店金钥匙组织目前拥有三十多个成员国地区组织。1997年1月在意大利首都罗马举行的国际金钥匙年会上,中国被接纳为国际饭店金钥匙组织的第31个成员国。

2. "金钥匙"的岗位职责

金钥匙通常是酒店礼宾司(行李部)主管,"金钥匙"要是以其先进的服务理念,真诚的服务思想,通过其广泛的社会联系和高超的服务技巧,为客人解决各种各样的问题,创造酒店服务的奇迹。因此,"金钥匙"必须具备很高的素质。其岗位职责主要有以下几点。

(1) 全方位满足住店客人提出的特殊要求,并提供多种服务,如行李服务、安排钟点医务服务、托婴服务、沙龙约会、推荐特色餐馆、导游、导购等,客人有求必应。

(2) 协助大堂副理处理酒店各类投诉。

(3) 保持个人的职业形象,以大方得体的仪表,亲切自然的言谈举止迎送抵、离酒店的每一位宾客。

(4) 检查大厅及其他公共活动区域。

(5) 协同保安部对行为不轨的客人进行调查。

(6) 对行李员工作活动进行管理和控制,并做好有关记录。

(7) 对进、离店客人给予及时关心。

(8) 将上级命令、所有重要事件或事情记在行李员、门童交接班本上，每日早晨呈交前厅经理，以便查询。

(9) 控制酒店门前车辆活动。

(10) 对受前厅部经理委派进行培训的行李员进行指导和训练。

(11) 在客人登记注册时，指导每个行李员帮助客人。

(12) 与团队协调关系，使团队行李顺利运送。

(13) 确保行李房和酒店前厅的卫生清洁。

(14) 保证大门外、门内、大厅三个岗位有人值班。

(15) 保证行李部服务设备运转正常；随时检查行李车、秤、行李存放架、轮椅。

小资料

中国饭店金钥匙会员资格

(1) 在饭店大堂柜台前工作的前台部或礼宾部高级职员才能被考虑接纳为金钥匙组织的会员。

(2) 21 岁以上，人品优良，相貌端庄。

(3) 从事饭店业 5 年以上，其中 3 年必须在饭店大堂工作，为饭店客人提供服务。

(4) 有两位中国饭店金钥匙组织正式会员的推荐信。

(5) 一封申请人所在饭店总经理的推荐信。

(6) 过去和现在从事饭店前台服务工作的证明文件。

(7) 掌握一门以上的外语。

(8) 参加过由中国饭店金钥匙组织的服务培训。

6.1.4 委托代办服务

饭店礼宾部在做好日常服务工作的同时，在力所能及的前提下，应尽量帮助并完成客人提交的各项委托代办业务。饭店为客人提供委托代办服务，一方面要设置专门的表单，如"委托代办登记单"(见表 6-2)、"订票委托单"等；另一方面要制订委托代办收费制度，一般饭店内的正常服务项目和在饭店内能代办的项目不收取服务费。

表 6-2 委托代办登记单

姓名		房号		日期	
委托事宜					
备注					
委托人联系电话			经手人签名		

1. 预订出租车服务

出租车可以是饭店自有的，也可以是出租汽车公司在饭店设点服务的，还可以是由行李员及前厅部其他员工用电话从店外预约的。当客人要求订车时，应告知客人有关手续和收费情况。出租车到达大门口时，行李员要向司机讲清客人的姓名、目的地等，必要时充当客人的翻译向司机解释客人的要求。为避免客人迷失方向，可填写一张"向导卡"给客人，在卡上注明客人要去的目的地。卡上印有本饭店的名称、标识及地址。如果客人赶飞机或火车，行李员还应提醒客人(特别是外宾)留出足够的时间提前出发，以免因交通阻塞而耽误了行程。

"快的打车"(国内最大的移动出行平台)和"如家酒店集团"于2015年初宣布达成全面战略合作，快的打车最新发布的企业端产品将接入如家酒店集团旗下四个品牌近3000家门店，为入住该酒店的用户提供更好的出行增值服务。

根据协议，双方的合作主要包括两个方面：首先是快的企业端全面接入如家集团旗下酒店，包括如家酒店、莫泰酒店、和颐酒店以及云上四季酒店在全国300多个城市的近3000家门店。这是快的企业端产品首个大型合作伙伴，入住如家的用户将能享受到酒店提供的更便捷的出租车叫车服务。其次，快的打车将接入如家APP，让如家注册会员实现"一键叫车"。

2. 订票服务

订票服务，是为住客代购飞机票、船票、车票、戏票等。礼宾部要熟悉本地机票代理、火车站、码头、戏院、音乐厅等的地址、电话及联系人。在接到订票电话时，要问清客人要求并明确如该要求无法满足时，可有何种程度的变通系数或取消条件。

(1) 了解客人的订票要求，让客人填写订票委托单，内容包括日期、起点、目的地、班次、服务等级及客人姓名、房号及证件号码等。

(2) 确定付款方式，如预收了客人的订票款，应在订票委托单上注明；如需饭店垫付，则要将收据交前厅收款处，记入客账，待客人退房时，一并结算；关于是否收取订票手续费及收费标准等，应向客人当面说明。

(3) 确定购票渠道，购票渠道大致有3种：直接前往交通部门购买、请旅行社或票务代理商代办、网络购买。

(4) 如饭店已尽全力而不能保证有票，则须向客人说明情况，并问清能否改买其他日期车次或班次的票。

(5) 取到票后，应把票装在饭店专用的信封内，并在信封上写明日期、车次、票价、客人姓名、房号、预收款数及应找零款数。

(6) 通知客人取票。客人凭委托单顾客联取票；把上述信封交给客人，请客人当面核对；所付的预付金，多退少补，并当面点清。

(7) 如饭店未买到票应向客人道歉，并尽量为客人提供其他帮助。
(8) 如果客人订了票又要退票，则应按交通部门有关规定办理。

3. 快递服务

(1) 了解物品种类、重量及目的地。
(2) 向客人说明有关违禁物品邮件的限制。
(3) 如系国际快递，要向客人说明海关限制和空运限制。
(4) 提供打包和托运一条龙服务。
(5) 联系快递公司上门收货。
(6) 记录托运单号码。
(7) 将托运单交给客人，并收取费用。
(8) 贵重或易碎物品交专业运输公司托运。

4. 接车(机)服务

有些客人在订房时，会声明需要接车服务，并事先告知航班(车次)、到达时间，选定接车车辆的类型。饭店在车站、码头、机场设点，并派出代表接送抵离店的客人时，应遵循既定的程序去迎接客人。

5. 雨具提供及保管服务

(1) 一些高星级饭店在客房内备有雨伞，供住客免费使用，但不能带走。
(2) 下雨天，客人上下车时，门卫提供撑雨伞服务。
(3) 下雨天，来宾的湿雨伞、雨衣若不采取任何措施便带进饭店，很容易将大堂地面及走廊地毯弄湿。为了避免此类事情发生，饭店在大门口设有雨伞架(如图 6.8 所示)，并可上锁，供客人存放雨具，或者配置雨衣、雨伞打包机(如图 6.9 所示)，给雨伞、雨衣裹上塑料装，方便客人携带。

图 6.8　雨伞架

图 6.9　雨伞打包机

6. 代订客房

住店客人有时会要求饭店代订其他城市的客房，对于这类要求，饭店应尽量满足，一般由订房部或礼宾部去完成。

(1) 登记住客姓名、房号、联系电话。

(2) 详细了解客人要求：饭店的名称、位置、客房和床的类型、到达和退房日期及有无特殊需要等。

(3) 明确客人预订担保条件，通常要求将客人信用卡的有关信息传递给对方饭店，如信用卡的号码、有效期、持卡人姓名等，以作为客人入住第一晚费用的担保。

(4) 向客人指定的饭店订房，须要求对方书面确认。

(5) 将书面确认单交给客人。

7. 订餐服务

(1) 了解客人的订餐要求，如菜式种类、餐厅要求、用餐人数、用餐时间等。

(2) 尽量与客人面谈后再推荐餐厅。

(3) 向有关餐厅预订并告知订餐要求。

(4) 记录对方餐厅的名号、地址、订餐电话，并转告住客。

8. 旅游服务

饭店礼宾部应建立旅游景点和旅行社档案，因地制宜地推荐和组织客人旅游。有些饭店设有专门的旅游部为住客提供旅游服务，礼宾部员工获悉客人旅游要求后，应做到以下几点。

(1) 登记客人的姓名、房号、日期及人数，掌握客人的基本情况。

(2) 向客人推荐有价值的旅游线路。

(3) 向旅游公司或旅行社预订，为客人联系声誉较好的旅游公司或旅行社。

(4) 告知客人乘车地点及准确时间。

(5) 向客人说明旅途注意事项。

9. 转交物品服务

1) 住客物品转交

(1) 填写一式两份的委托代办单，注明物品名称、数量、送达人姓名、地址、电话号码。贵重、易燃、易爆、易腐烂物品及现金谢绝转交，但可以替宾客留言。

(2) 根据饭店的规定由行李员按地址送给访客或打电话通知访客到店来取。

(3) 住店宾客留给指定访客的物品，行李员应妥善保存，访客到达后查验对方身份证件无误后转给访客，并请访客写下收据。如该访客未到应请示住客物品的处理方法。离店住客要求饭店把物品转交给指定访客时，应问清如访客不来时物品的处理方法。

行李员或接待员在处理上述任何一种情况时，都不能拆开、损坏宾客的物品。物品转交过程中，手续应清楚完整，要请领取者签收或写下收据存档，以防发生纠纷。

2) 访客物品转交

有些带物品来访问住店客的访客，当住客不在时，往往会委托饭店转交物品。此时，行李员应请来访者填写一式两份的委托代办单，注明访客的姓名、地址和电话号码，同时查看物品，易腐烂、易燃、易爆物品不予转交，贵重物品和现金不予转交。行李员应把寄存的物品锁好，开一式两份的住客通知单，一份放房间资料架中，等住客到达时即可转交，一份由送入客房。饭店不予转交物品时请访客给住客留言。

10. 外修服务

(1) 登记客人的姓名、房号，了解所需修补物品的损坏程度、部位及服务时限和费用限额。

(2) 向客人说明一切费用由客人支付，包括维修费、服务费及路费等。

(3) 将修好的物品及所有单据交给客人，并做好登记工作。

6.1.5 问讯服务

酒店的宾客来自全国乃至世界各地。在一个陌生的城市、陌生的酒店，宾客必然有很多情况需要了解，很多问题需要询问，很多方面需要帮助。饭店要使宾客满意，使宾客感到方便，就必须为宾客提供各类问讯服务(如图 6.10 所示)。

图 6.10　问讯服务

问讯服务的工作要求如下所述。

(1) 为客人提供信息咨询服务之前，服务人员除了要掌握本酒店的相关设施设备和服务项目外，还必须做好其他信息的收集工作，如交通、旅游、天气等信息。

(2) 在回答客人询问时，要热情、主动、耐心，做到百问不厌；答复要肯定而准确，语言流畅，简明扼要。

(3) 不能做出模棱两可的回答，更不可推托、不理睬客人，或简单回答"不行"、"不知道"等。

(4) 对不能回答或超出业务范围的问题，应向客人表示歉意或迅速查阅有关资料、请示有关部门或人员后回答。

小资料

上海世博园中的视频问讯服务

平常我们查电话、问路、订餐、买机票，都是只闻其声不见其人，而在上海世博园，这些最熟悉的陌生人终于从幕后走到台前，跟游客零距离——因为你可以像网上视频聊天一样，让客服人员既现声又现身。

当你在信息亭屏幕上点击英国馆后，很快就出现了当前所在位置到英国馆一路上会经过哪些展馆等信息，等于提供了一条最佳参观路线。而最令人惊喜的当属视频通话，拿起听筒，选择"视频客服"，即刻屏幕上就出现了号码百事通的客服人员头像。对方询问你需要什么帮助，若你表示想知道自己所在的中国馆附近有没有快餐店，2秒钟后，客服人员就会告诉你，在亚洲广场靠近韩国馆的A9区域就有一家西式餐厅。整个视频通话过程清晰流畅，没有马赛克，这样的"面对面"服务，令人倍感愉快。

据专业人士透露，这些参与视频客服的工作人员，前后共有1万多人次接受了长达半年的专业培训。世博会正式开幕后，从早上9点开园到晚上12点闭园，他们一天工作15个小时，满足游客"面询"需求。信息亭还专门为聋哑人士提供了贴心服务，聋哑人士只要开启手语视频，就能通过屏幕上方的摄像头，和客服人员用手语交流，在逛园区遇到困难时完全不必担心。

案例分析

一个星期天的上午，一位英国来北京的住店客人乔治先生，在该酒店的前台礼宾处前踌躇，似乎有为难之事。礼宾员小胡见状，便主动询问是否需要帮助。

乔治先生说："我想去游览八达岭长城，旅行社的专车配有讲英语的导游，乘他们的车去对我游览有很大的帮助。"

小胡问："乔治先生，您昨天预订旅行车票了吗？"

乔治先生回答："没有，因为昨天不想去，今天我又冒出想去的念头了。"

小胡知道，宾馆规定，去长城游览的客人必须提前一天登记，这样旅行社的车第二天才会到宾馆来接客人，而昨天没有一个客人登记，这样的话旅行社的车肯定不会来。小胡想了想对乔治先生说："请您稍等，我打电话跟旅行社联系一下，若还没发车，看看旅行社是否能开车到宾馆来接您。"

小胡马上打电话给旅行社，旅行社告之小胡去八达岭的车刚开走，让她直接跟导游联系，并告知了导游的手机号。于是，小胡又马上跟导游联系，幸运的是，导游同意并说马上将车开到宾馆接乔治先生。小胡放下电话，对乔治先生说："乔治先生，再过10分钟，旅行车就来接您，请您稍等。"乔治先生感动地连声说"谢谢"。

【问题】请评价礼宾员小胡在为客人提供问讯服务过程中的言行。

【分析】礼宾员小胡对乔治先生的接待是积极主动的，热情礼貌的，比如见到前台礼宾处踌躇的乔治先生，主动询问；当得知情况后，为乔治先生马上联系等，这都体现了小胡真正视客人为上帝。小胡既遵守了酒店的规定，又在不违反原则的情况下，为乔治先生提供超常规服务，表现出小胡善于动脑，思维敏捷，办事效率高，使乔治先生能很快实现自己游玩八达岭长城的愿望。

前厅部的工作决定了饭店在客人心目中的"第一印象"和"最后印象"，这些印象决定着客人对饭店的总体评价，这些评价又影响着客人对饭店的选择。对客人询问问题的回答、帮助，更会给客人留下非常独特的印象和感受。本案例中的礼宾员小胡深知这一点，因此她在工作中观察细心，主动及时给予乔治先生的帮助，给客人留下了美好的印象。

资料来源：职业餐饮网 www.canying168.com

6.2 掌握贵重物品寄存规范

　　饭店为保障住店客人的财产安全,通常免费提供贵重物品寄存与保管服务。一种是设在客房内的小型保险箱(如图 6.11 所示),密码由客人自己设定,操作简单、方便实用,若客人忘记密码,则由值班经理(大堂副理或 GSM)确认客人身份后,用专业的保险箱解锁软件打开;另一种则是设在前台的贵重物品保险箱(如图 6.12 所示),有礼宾员或接待员负责此项服务。

图 6.11　客房保险箱

图 6.12　前台贵重物品保险箱

前台贵重物品保险箱一般设置在前台或礼宾处的单独的一间房内,每个保险箱装有两把不同的锁,同时配有两把不同的钥匙,寄存物品时宾客和礼宾员各一把,只有两把钥匙都解锁后,才能开启保险箱。

6.2.1 前台贵重物品保险箱的启用

(1) 主动问候,问清客人需求。

(2) 请客人出示房卡,确认是否为住店客人。

(3) 填写贵重物品寄存单,请客人签字确认,并在电脑系统中查看房号与客人填写的是否一致。

(4) 根据客人要求,选择相应规格的保险箱,介绍使用须知和注意事项,将箱号记录在寄存单上。

(5) 打开保险箱,请客人存放物品,并在一旁回避。

(6) 客人将物品放好后,礼宾员当面锁上箱门,向客人确认已锁好,然后取下钥匙,一把交给客人,另一把由礼宾员保管。提醒客人妥善保管钥匙,向客人道别。

(7) 在保险箱使用登记本上记录各项内容,并将贵重物品寄存单存档。

6.2.2 寄存中途开箱的处理

(1) 若客人要求中途开启保险箱,应核准房卡以及客人的签名后,服务员和客人使用两把不同的钥匙分别开启。

(2) 客人使用完毕,请客人在寄存单相应栏目内签字,记录开启日期及时间。

(3) 服务员核对确认并签字。

6.2.3 客人退还保险箱的处理

(1) 打开保险箱取出物品后,服务员请客人交回钥匙。

(2) 请客人在寄存单相应栏内签字,记录退箱日期和时间。

(3) 服务员在贵重物品保险箱登记本上记录该箱的使用情况。

6.2.4 客人遗失钥匙的处理

(1) 饭店寄存单上应印刷保险箱使用须知及赔款金额。

(2) 服务员在启用保险箱、介绍注意事项时,应向客人说明饭店有关规定。

(3) 确认客人遗失钥匙后,如客人要求取物,礼宾员或接待员、值班经理、保安人员和客人均应在场,在办理完规定手续后,由工程部人员强行打开保险箱。

(4) 服务员取出寄存单,请客人签字确认。

(5) 服务员在前台贵重物品保险箱使用登记本上详细记录遗失情况并签字。

饭店总台的接待员正在忙着接待客人,为入住和离店的客人办理登记和结账手续。这时电话响起,接

第6章 前厅部的其他业务

待员拿起电话。这是一个从江苏打来的长途电话，打电话的人说，他是昨天住在315房间的客人，昨天退房离开饭店的时候，将一对黑珍珠耳坠放在房间的贵重物品保险箱内，走的时候忘了带走，回到江苏后才想起来。想请服务员帮助取出来，并希望能够通过特快专递送过去。总台接待员快速的从电脑中查阅了客人的登记姓名和身份，与电话中说的相吻合。总台接待员说要去客房服务中心核对一下，请客人过一会儿再来电话。

住店客人离店时，客房服务中心的服务员要迅速检查房间。如发现有客人遗忘在房间内的物品，要登记并想办法与客人联系，及时交还给客人或在饭店保存等待客人来取。因此总台的接待员放下客人的电话后，马上又把电话打到了客房服务中心，询问前一天315房间的客人离店时，服务员检查房间时有无发现客人放在保险箱内的耳坠。客房服务中心的服务员查看了一下查房记录，没有315房间客人遗留物品的记录，就答复总台说没有。

过了一会儿，江苏的客人又打来电话。总台接待员把从客房服务中心了解到的情况告诉了客人。但是客人肯定地说："耳坠就是放在房间的保险箱里了。那副黑珍珠耳坠虽然价值不是太高，但对于我来讲是有纪念意义的，是非常珍贵的，所以我把它放进了保险箱。对了，我把保险箱的密码告诉你，请你再去帮助我找一下。"

这次接待员来到客房服务中心，找到客房主管说明了情况以后，和主管一起来到315房间，315房间在前一天江苏客人退房后还没有出租，保险箱还是锁着的。他们按照客人提供的密码，打开了保险箱，果然有一副黑珍珠耳坠放在里面。

主管找到前一天查房的服务员了解情况，原来是前一天服务员在检查315房间时，由于不够认真仔细，而没有检查保险箱。后来，饭店用特快专递将黑珍珠耳坠和一封致歉信给客人送了去。另外，当天检查315房间的服务员，也因为在工作中没有严格执行工作标准，导致工作出了差错而受到了相应的处罚，饭店要求大家引以为戒。

【问题】客人退房离店时，客房服务员检查房间，是饭店的工作程序。检查房间的主要目的有三个：首先是检查客人有无遗留物品；第二是检查客房的设施设备有无损坏，以及物品有无丢失；第三是检查客人有无"迷你"酒吧消费。而在日常工作中，有些服务员为了避免自己承担责任，只是将注意力放在第二项和第三项上，对于客人的遗留物品检查上却不够重视。请分析本案例中服务与管理的不到之处。

【分析】客房服务员在检查房间时，按照工作要求，应该去检查贵重物品保险箱，以便保险箱内有客人遗忘的物品能及时的交还客人，若保险箱有损坏也能及时得到解决。虽然有时遇到退房的高峰，服务员检查房间的工作量会很大、时间很紧张，又不能让客人在前台等得很久，但不管怎样，这种事情的发生，完全是由于服务员的责任心不强，只考虑对于房间的设施设备是否有损坏和物品是否有丢失，避免自己对饭店的责任，而缺少对客人负责任的意识，查房过程中"偷工减料"，没有按照工作标准去做。

这位客人在离开饭店后的第二天打来电话，总台的接待员和客房服务中心的主管一起到315房间去找到了耳坠。所幸的是前一位客人离店后，该房间还没有被出租。如果房间出租又住进了新的客人，事情就会更复杂。因为住进了新的客人后，服务员就不可能进入到客人房间打开保险箱检查，而那样又会对新入住的客人造成侵害。在客人心中，也就必然会对饭店产生信任危机。因此，饭店的管理者必须教育员工在工作中要严格按照各种工作程序和标准去做。这不仅反映出饭店的服务水平的高低，更反映了管理水平的高低。

资料来源：中国旅游交易网 www.17u.net

6.3　熟悉电话总机服务规范

　　许多客人利用电话与饭店进行第一次接触，还有不少未亲临饭店的人士有与饭店总机通话的经历。话务员(如图 6.13 所示)的工作是极其重要的，他们代表了饭店的形象。话务员如能日复一日、年复一年地以亲切殷勤的态度、正确娴熟的技能，礼貌、高效地处理每一个电话，将会给住店客人及社会公众留下美好的印象，使他们感到与之接触的饭店是受到严格专业化管理的、高效率运转着的组织。这些美好的印象将会赢得客人的信任，从而增加饭店的销售水平和树立良好的企业形象。

　　电话总机的业务范围包括转接电话、开通外线电话、留言服务、叫醒服务等。

图 6.13　总机话务员

 小资料

总机话务员的素质要求

(1) 职业修养良好，责任感强。
(2) 口齿清楚，音质甜美，语速适中。
(3) 听写迅速，反应敏捷，记忆力强。
(4) 有较强的外语听说能力。
(5) 熟悉电话业务，有熟练的计算机操作技术。
(6) 熟悉饭店服务、旅游景点及娱乐等知识与信息。
(7) 有较强的信息沟通能力。
(8) 严守话务机密。

6.3.1 电话总机服务的基本要求

（1）礼貌规范用语不离口，不得与宾客过于随便。

（2）若对方讲话不清，应保持耐心，要用提示法来弄清问题，切不可急躁地追问、嘲笑或模仿等，切忌因自己情绪不佳而影响服务的态度与质量。

（3）若接到拨错号或故意烦扰的电话，也应以礼相待。

（4）应能够辨别饭店主要管理人员的声音。

（5）结束通话时，应主动向对方致谢，待对方挂断电话后，再切断线路。

6.3.2 转接电话

（1）接听电话时，动作要迅速，不让电话铃响超过三声；中英文问候对方，自报饭店名或部门名。外线报"您好！×××酒店。Good morning, ×××Hotel. May I help you?"内线报"您好！总机。Operator, May I help you?"不可使用"喂"、"Hello"。

（2）用电话沟通时，话筒和嘴唇距离2～5厘米，若靠得太近，声音效果不好。保持自然音调，不可大声喊叫，电话机旁常备有笔和便条纸。如果来话方只告知房号，应首先询问住客姓名，与电脑中信息核对准确后再予以转接。

（3）客人要求房号保密，但有外线电话找该客人时，可问清来电者姓名、单位或所在地，然后告诉客人，询问客人是否接听这个电话；如果客人表示不接任何电话，应立即通知总台在电脑中输入保密标志，若有查询，即答该客人未入住饭店；若客人有更具体的要求，如可接长途、可接某指定人的电话等，要问清并做记录，按客人要求执行。

（4）若有客人打电话缠住服务员，要求陪其聊天时，要委婉告诉客人，当班时间有很多工作要做，如果不能按时完成，会影响对客人的服务质量；同时告诉客人，聊天会长久占用饭店的营业电话，招致其他客人的投诉。

（5）如果对方要找的客人不在房间，可以询问客人是否需要留言。如需要留言应记录留言内容和联系方式，并复述确认，有的酒店则使用留言录音系统。最后通过系统开启该房间电话机上的留言指示灯。

（6）终止通话时，应使用结束语，如"请问还有什么需要吗？"若没有，应等对方先挂断之后再切断线路，不可"砰"的一声猛然挂断。

知识链接

接听电话的技巧

1. 改善你的声音

上岗前先喝一口水，做一下深呼吸，然后放松、微笑，发音吐字就会像一串串明珠从口中流出。"发音"的具体要求是：气息下沉、喉部放松、不僵不挤、声音贯通。"吐字"的具体要求是：字音轻弹、如珠如流、气随情动、声随情走。

当客人打电话给酒店，若一接通，就能听到对方亲切、优美的招呼声，心里一定会很愉快，从而使双方对话能顺利展开，对该酒店也有了较好的印象。

2. 要有喜悦的心情

接听电话时要保持良好的心情，这样即使对方看不见你，但是从欢快的语调中也会被你感染，给对方留下极佳的印象。因为一个人的面部表情会影响声音的变化，所以，即使在电话中，也要抱着"对方在看着你"的心态去应对。

3. 清晰明朗的应答

接听电话过程中绝对不能吸烟、喝茶、吃零食，即使是懒散的姿势对方也能够"听"得出来。如果你打电话的时候，弯着腰躺在椅子上，对方听你的声音就是懒散的，无精打采的；若坐姿端正，所发出的声音也会亲切悦耳，充满活力。因此打电话时，即使看不见对方，也要当作对方就在眼前，尽可能注意自己的姿势。

4. 认真清楚地记录

随时牢记5W1H技巧，所谓5W1H是指When(何时)、Who(何人)、Where(何地)、What(何事)、Why(为什么)以及How(如何)进行，在工作中这些信息都是十分重要的。对于总机接听电话，特别是留言服务，具有相同的重要性。电话记录既要简洁，又要有赖于5W1H技巧。

5. 了解来电话的目的

上班时间打来的电话几乎都与工作有关，酒店的每个电话都十分重要，不可敷衍。即使对方要找的人不在，切忌只说"不在"就把电话挂了。接电话时也要尽可能问清事由，避免误事。首先应了解对方来电的目的，如自己无法处理，也应认真记录下来，委婉地探求对方来电目的，这样就不会误事，而且会赢得对方的好感。

6.3.3 叫醒服务

电话总机所提供的叫醒服务是全天24小时服务，可细分为人工叫醒和自动叫醒两类。其服务程序如下。

1. 人工叫醒服务程序

(1) 受理宾客要求叫醒的预订，问清要求叫醒的具体时间和房号。
(2) 填写叫醒记录单，内容包括房号、时间、话务员签名。
(3) 在定时钟上准确定时。
(4) 定时钟鸣响，话务员接通客房分机，叫醒宾客。
(5) 若客房内无人应答，间隔3~5分钟后再拨打一至两次，若仍无人回话，则应立即通知楼层服务员前往客房实地察看，或询问餐厅员工有无该房间客人来用早餐。

小资料

重庆悦榕庄的人性化叫醒服务

悦榕庄以营造优雅浪漫，充满活力与异国情调的度假环境，在世界各地为宾客提供亲密身心体验的度假型酒店产品。现代酒店正以越来越多的信息化技术为宾客提供高效率和个性化的服务，而重庆北碚悦榕庄(如图6.14所示)的电话叫醒服务则利用话务员的人工服务，令住店客倍感温馨。客人早晨接到叫醒电话后，不再像其他酒店那样是刺耳的音乐声，而是话务员甜美的早安问候，并会提醒客人"您今天参加的会议**点将在***会议室举行"、"您的旅游团将于今天**点在大厅集合出发"等友情提醒信息，让客人感受到了酒店的人性化和细节化服务。

图 6.14　重庆北碚悦榕庄门厅

2. 自动叫醒服务程序

(1) 受理宾客要求叫醒的预订，有的饭店宾客可根据服务指南直接在客房内的电话机上自己确定叫醒时间。

(2) 问清叫醒的具体时间和房号。

(3) 填写叫醒记录单，记录叫醒日期、房号、时间，记录时间，话务员签名。

(4) 及时将叫醒要求输入计算机系统，并检查屏幕及打印记录是否准确。

(5) 注意查看多次叫醒无人应答的房间，并及时通知客房中心进行敲门叫醒，或询问餐厅员工有无该房间客人来用早餐。

6.3.4　饭店临时指挥中心

当饭店出现紧急情况时，总机房便成为饭店管理人员迅速控制局势，采取有效措施的临时指挥协调中心。话务员应按指令执行任务，注意做到以下几点。

(1) 保持冷静，不惊慌。

(2) 立即向报告者问清事情发生地点、时间，报告者身份、姓名，并迅速做好记录。

(3) 即刻使用电话通报饭店有关领导(总经理、值班经理等)和部门，并根据指令，迅速与所在地相关部门(如消防、安全、公安等)紧急联系，随后，话务员应相互通报、传递所发生情况。

(4) 坚守岗位，继续接听电话，并安抚宾客，稳定宾客情绪。

(5) 详细记录紧急情况发生时的电话处理细节，以备事后检查，并加以归类存档。

小资料

客务服务中心

客务服务中心是近年来在北京的部分饭店中设立的,以帮助宾客解决住店期间的一切需求为宗旨的新部门。该部门一般设在电话总机房,其服务项目除了基本的话务服务外,还包括账单查询服务、失物招领服务、换房服务、客房清扫服务、生活用品借用、洗衣服务、收发传真服务、房内送餐服务等。以前这些服务需要客人到不同的部门寻求帮助,现在只需一个电话就可全部解决,极大方便了宾客,但同时也意味着该部门的员工需要有多项服务技能和良好的沟通能力。

总之,电话总机所提供的服务项目视饭店而异,有些饭店的总机房还负责大厅背景音乐、客房电视、收费电影的播放,监视火警报警装置和电梯运行等工作。

案例分析

腊月的北方,户外显得格外寒冷,可某大酒店电话总机房内问候声和不断的键盘声显得热情而欢快,总机服务员小王在不断地接转着一个又一个电话。

这时,一个电话打进来,小王熟练地提起了电话向客人问候,"快转806房间",一个急切的声音通过听筒传到小王的耳朵里,小王习惯地脱口而出:"先生,请稍等。"话音刚落,话筒里的人火冒三丈说:"小姐,你什么意思?我有急事,稍等什么稍等,赶快给我转。"听到客人的指责,小王心理特别难受,便想对客人作一个简单的解释,但是又想到客人现在挺急的,便立即敲击键盘,把电话转接到房间内,可电话响了六声后,依然无人接听,信号返回到了话务台,小王看到显示器上的信号,知道房间内无人接听电话,就快速把电话提了起来,和蔼地告知对方电话无人接听,"怎么会没有人呢?不可能。"客人的语气显得焦急而无奈,小王很耐心地对客人说:"先生,请不要着急,我试试看能否帮你联系到他。"当客人听到小王耐心而又亲切的话语,好像很感动而又内疚地说:"小姐,对不起,刚才我有点急,说话可能有情绪,请你原谅。""不必客气,谢谢您的理解。"随后,小王留下了对方的联系电话,并问明了他所要找的客人的单位及姓名。

切断电话之后,小王凭借丰富的工作经验,把电话打到了前厅,向前厅接待做了简单介绍。前厅接待员查清并核实了客人的资料之后,发现了客人的留言单。原来客人预知有人会找他,便在离开酒店时在前台留言单上说,如果有人找就打他的手机,并留下了手机号码。但由于前台人员工作疏忽,未及时将客人的留言单送往总机房。得知这一信息之后,小王迅速接通刚才打电话的李先生,把手机号码告知李先生。他感激地在电话里说:"谢谢,太谢谢了,你可帮了我一个大忙。"小王微笑着说:"不用客气,这是我们应该做的,你赶快打手机联系吧。"

两个小时之后,总机机台信号显示有客房内线电话。提起话筒,里面又传来了刚才那位先生感谢的话语,并说如果不是小王及时查到客人的联系方式,并进行了通话,对他来讲会造成不可估量的损失。这位先生还热情地请小王吃饭以示感谢。小王说:"这是我们每个话务员都应该做的,谢谢您,您的心意我领了。"

【问题】电话是信息沟通的重要工具,电话总机房是酒店与客人进行内外联系的枢纽,电话总机服务往往是酒店对外的无形门面,话务员的服务态度、语言艺术和操作水平直接影响了话务服务的质量。电话房内电话转换器的指示灯总是在闪烁不停,要求话务员不时地用热情的言辞、礼貌的语言、动听的声音通过电话向每一个来电者传达着信息。请分析话务员小王是如何成功处理这件事情,使客人从不满意到满意的?

【分析】在本案例中小王作为一名酒店话务员,由于见不到客人的表情、动作、神态,只有通过客人的声音来判断,但她比较善于揣测宾客的心理需要,急客人之所急,乐客人之所乐,以优质的服务满足了客人的需求。

"请稍等"在现代的快节奏生活方式中确实是有其不足之处,但今天的人们都应知道这只是一种礼貌的语言而已,如果话务员在使用时能因人而异,遇到案例中急切的客人,换句话说:"好的,我即刻为您转接"等等,可能效果更好。一名优秀的话务员在对客服务中,不能千篇一律地追求规范,语言要有艺术性。通过客人的声音、语言、语速,去洞察客人心理需求,并讲究说话技巧性、用语的灵活,尽量让客人能过你的声音感到你的微笑、你的热情,进而感受到酒店服务的尽善尽美。

资料来源:职业餐饮网 www.canying168.com

6.4 了解商务中心服务规范

商务中心(Business Centre)是商务客人"办公室外的办公室",是饭店为客人进行商务活动提供相关服务的部门。许多商务客人在住店期间要安排许多商务活动,需要饭店提供相应的信息传递服务。为方便客人,饭店一般在大堂附近设置商务中心,专门为客人提供商务服务,如图 6.15 所示。

商务中心服务内容包括打印服务、复印服务、传真服务、票务服务、翻译服务、会议室和办公设备出租等。

图 6.15 商务中心

6.4.1 打印服务程序

(1) 宾客拿来稿件时,应与宾客核对内容,字迹不清楚之处向宾客提出确认。
(2) 问清宾客对打印文件的格式、排版、字体、时间等要求,复述并确认。
(3) 主动介绍收费标准,并问清通知宾客的方法。
(4) 稿件打完后,请宾客校对或修改。

(5) 宾客确认文件定稿后，询问宾客文件是否需要存盘。
(6) 开出账单，收取费用。

6.4.2 复印服务程序

(1) 问清宾客所需复印文件的色彩、数量、对比度和大小比例等要求。
(2) 复印完毕后，原件和复印件如数交给宾客。
(3) 开出账单，收取费用。

6.4.3 传真服务程序

1. 接收传真

(1) 传真机(如图 6.15 所示)接收到传真后，立即查询电脑系统中的客人信息。
(2) 查明传真所注明的房号、姓名是否属实。

图 6.15　传真机

(3) 将传真放入传真袋中，在封面上写上房号和姓名。
(4) 核对无误后，立即通知行李员将传真送到房间。
(5) 如宾客不在房间，立即填写留言单。
(6) 若宾客已离店，将传真保留在商务中心。

2. 发送传真

(1) 确认宾客所发往的地区或国家。
(2) 主动向宾客说明收费标准。
(3) 传真发出后，将传真稿件交给宾客。
(4) 如果对方传真机未接通，呈通话状态，应迅速告知对方。
(5) 根据付款报表开出账单。

6.4.4 翻译服务程序

饭店可根据自己的客源，选择确定所需配备的语言人才。笔译服务程序如下所述。
(1) 告知宾客收费标准。
(2) 取得材料后，当面核对清楚内容，确认读懂后接收下来。
(3) 通知饭店翻译人员，请其在约定的时间内译出材料。
(4) 将译稿打印出来，通知宾客。
(5) 开出账单，收取费用。

6.4.5 会议室出租服务程序

1. 预约工作

(1) 接到预约，要简明扼要地向宾客了解以下内容并作好记录：租用者的姓名或公司名称、饭店房间号码或联系电话、会议的起始时间及结束时间、人数及要求。

(2) 告知租用会议室的费用(包括免费的服务项目)，带领宾客参观所租用的会场，介绍服务设施。

(3) 了解付款人及付款方式，并要求租用者预付一定的订金，若到时取消则不能退还。

(4) 及时把上述情况在交班本和会议室出租预订单上作好记录。

(5) 把会议室的租用情况告知当值主管或领班以及前台。

(6) 若同时需要其他设备及鲜花的租借，也应做好相关工作。

2. 会议前准备工作

(1) 按参加会议人数准备好各类饮具、文具用品及会议必需品。

(2) 按参加会议人数摆放椅子并摆设饮具及各类文具。

(3) 主管或领班要亲临现场指挥和督导员工按要求布置会场，发现问题及时纠正。检查内容包括：照明、卫生、各类饮品存量及其使用期限、空调系统、音响设备、文具用品、会议物品的放置位置等。

3. 接待服务要求

(1) 服务员站立门口恭候宾客，并引至会议桌坐下。

(2) 问明宾客所需茶水，在座位表上作好相应的记录。

(3) 服务员应从右侧为宾客上茶水，服务过程注意使用服务礼貌用语。

(4) 茶水以八成满为标准，上茶水时要提醒宾客注意。

(5) 添茶水时间间隔：第一次不应超过 10 分钟；第二次开始与第一次相隔不超过 15 分钟。

(6) 会议结束时，服务员应站立相送，有礼貌的道别，并请负责人结账，宾客离开后，迅速进入会场仔细检查有无宾客遗忘的物品。

(7) 收拾会场。

案例分析

一天早上，南京一家饭店的商务中心刚刚开始工作，一位加拿大籍住店客人满面怒容地走进商务中心，"啪"地一声将一卷纸甩在桌子上，嚷道："我昨天请你们发往美国的传真，对方为什么没有收到？小姐，你想想，要是我的客户因收不到传真，影响同我们签订合同，几十万美元的损失谁承担？"

接待客人的是上早班的宋小姐。面对怒气冲冲的客人，她从容不迫，态度平静，然后迅速仔细地审核了给客人发传真的回执单，所有项目显示传真已顺利发到美国了。凭着多年的工作经验，她知道，如果客人的传真对方没有收到，责任不在我店。怎么办呢？当面指责客人？不能！因为客人发现对方没有收到传真来提批评意见，也在情理之中。宋小姐脑子飞快地转动，很快"灵机一动，计上心来"。

只见她诚恳而耐心地对客人说："先生，您且息怒。让我们一起来查查原因。就从这台传真机查起吧。"客人欣然表示同意。宋小姐仔细地向客人解说了这台传真机自动作业的程序，并当场在两部号码不同的传真机上作示范，准确无误地将客人的传真从一台传到另一台上，证明饭店的传真机没有问题。客人比较了两张传真，面色有所缓和，但仍然心存疑虑道："不过，我的那份传真对方确实没有收到呀！"为了彻底消除客人的疑虑，宋小姐主动建议："先生，给美国的传真再发一次，发完后立刻挂长途证实结果，如果确实没有发到，传真、长途均免费，您说好吗？"客人点头同意了。传真发完后，宋小姐立刻为客人接通了美国长途，从客人脸上露出的笑意可以知道：传真收到了！

客人挂完电话，面带愧色地对宋小姐说"小姐，我很抱歉，刚才错怪了你，请你原谅。谢谢你！谢谢你！"宋小姐面带微笑地答道："没关系，先生，这是我们应该做的。"最后，客人愉快地支付了重发的费用，满意而去。

【问题】饭店商务中心的宋小姐对客人反映传真没有发出去的意外事件，采取了正确的态度和恰当的处理方法，从而取得了使客人满意的结果。请分析宋小姐在这个案例中的几处值得称赞的做法。

【分析】首先，宋小姐面对客人上门指责的突发事件，沉着冷静，迅速仔细地审核了传真回执单所有项目无误，确定了责任不在饭店的结论，心里有了底数。其次，宋小姐没有简单地指责客人过失，而是设身处地地站在客人的立场上，充分理解传真拖延客人将损失几十万美元的苦衷，采取了从"我"（饭店传真机）查起的理智做法，使客人乐意接受和配合，有利于搞清问题。最后，宋小姐先后采取了两台传真机当场示范和再发传真并长途证实的合理步骤，打消了客人的疑虑，让客人心服口服，使问题得到圆满的解决。

资料来源：最佳东方网 www.veryeast.cn

学 习 小 结

本章主要阐述了散客入住行李服务的规范、金钥匙及其岗位职责、委托代办服务的内容，介绍了前台贵重物品寄存工作的要求、电话总机服务的基本要求、转接电话的规范，以及商务中心打印、复印、收发传真的服务规范等。

【思考与实践】

1. 根据表 6-1 的要求，分组分角色模拟训练散客入住行李服务。
2. 饭店行李房不可以寄存哪些物品？
3. 什么是"金钥匙"？查找相关资料，了解金钥匙组织的起源与发展。
4. 分组分角色模拟训练前台贵重物品寄存服务。
5. 在进行电话转接时，对于要求保密的住客应如何处理？
6. 结合本章知识，请列举出电话服务中的礼貌用语和不礼貌用语。
7. 分组分角色模拟训练电话总机的转接电话服务。
8. 如何为客人提供人工和自动的电话叫醒服务？
9. 分组分角色模拟训练收发传真服务。
10. 本章中的前厅服务对酒店提高入住率有什么作用？

第7章 收银与结账离店

本章概要

- 客账控制流程
- 各种付款方式的操作规范
- 我国可兑换的外币种类
- 外币兑换的服务程序
- 散客结账离店的工作程序
- 团队结账离店的工作程序

学习目标

- 掌握宾客各种付款方式的操作规范
- 熟悉客账控制流程
- 了解客账处理要求
- 掌握我国可兑换的外币种类
- 熟悉外币兑换的服务程序
- 了解旅行支票的收兑程序
- 掌握散客结账离店的工作程序
- 熟悉团队结账离店的工作程序

案例导读

"安先生,您好。有什么事需要我帮忙吗?"总台接待员小王见到熟客安先生拎着一个包急匆匆走来,便迎上前去笑吟吟地打了招呼。

安先生点了点头立即说道:"我要离开合肥两天,过两天还要回来住。我还有押金在你们这里,你先把我现在这个房间退了,但先不要结账。我在1205房间。"说完递过他的门卡。"没问题,您放心吧。您回来后还要住原来的房间吗?"小王接过房卡,关心地问道。

"随便。"安先生说完又急匆匆地离去。"安先生,再见。"小王目送高先生走后,立即通知客房中心说1205退房。没过多久,楼层服务员打来电话称1205房间还有不少行李。小王想,也许安先生过两天还要回来,所以没有把行李全部提走吧,于是他通知行李员将1205房行李搬下楼,暂存行李房。

当天下午约3点,一位客人来到总台反映其房卡失灵开不了门。仍在当班的小王问其是住哪一个房间的,对方说:"1205号房。"小王心里一惊,又是一个1205,上午9时安先生不是退房了吗?小王接过这位客人的房卡用制卡机读取信息,的确是1205房的房卡。小王似乎明白了一切,再细查资料,果然,安先生住的是1105。安先生离开时将房号报错,而当时又未读取房卡信息予以确认,才导致如此结果。于是小王赶忙向客人做了解释,并表示道歉,同时立即让行李员赶紧将行李再搬回1205房。

小王为了稳住客人情绪对客人说:"行李员正将您的行李搬回房间,我们大堂副理请您到咖啡厅喝杯咖啡,您也好好休息一下,您看可以吧?"客人淡淡一笑,不再说什么。当大堂副理将真正的1205房客人请到咖啡厅后,小王终于舒了一口气。

【分析】

小王的失误虽然没有引起轩然大波,但教训必须汲取。教训是什么?是酒店前台操作人员在既定的操作规程中随意"偷工减料",把本该有的环节省略掉,极有可能导致严重错误的出现。

本案的问题出在小王接过安先生门卡时未加以读卡确认。因没有确认导致失误的现象在现实生活中并不少见。比如,客人点的菜单未经确认就送厨房,导致某道菜客人不认帐而拒绝接受;未预先作出客人退房时间收费政策的解释使客人确认,导致结账时的纠纷;未确认送洗衣服的纽扣已丢失,导致衣服送还客人时引发不满等等。

细节决定成败。酒店一线服务人员应注意一些关键环节的确认。

资料来源:职业餐饮网 www.canying168.com

7.1 做好客账

收银服务由前厅总台接待处或收银处负责。作为接待员和收银员应该了解并掌握总台收银结账服务的主要工作任务、操作规程及相关要求,快捷准确地为客人提供结账服务。总台收银的主要工作包括:客账管理、外币兑换业务、抵离店账务手续等。饭店通常为客人提供一次性结账服务,为确保结清客人住店期间所发生的费用,保证客人全部赊欠账款按期回收、避免逃账及工作失误,收银人员必须认真执行客账管理制度和规程,加强与相关部门和岗位的协调工作,接受财务部的审核、监督,确保饭店利益和客人利益均不受到损害。

要学好客账管理，首先要了解"签单"的概念。签单是指客人在入住时缴纳足够的押金，住店期间在饭店营业场所消费后不付现金，在账单上签名，离店时和房费一起结算。例如某客人在酒店入住一间 520 元的标准间一晚，入住时缴纳 1000 元押金，入住后在餐厅消费 100 元，在棋牌室消费 100 元，洗衣服务 80 元，这 280 元不支付现金，分别在餐饮部、康乐部、洗衣房提供的账单上签名，这些账单随即送往前台该房间的客人资料架中，客人离店时，消费场所的费用和房费一起结算，共计 800 元，若客人对消费有遗忘，可提供签名的账单供客人核查，最后收银员退还客人 200 元押金。

7.1.1 客账处理要求

1. 账户清楚

客人在入住之后，开始在饭店各营业场所进行消费。通常饭店都允许宾客在逗留期间将他们在饭店的消费记入其客房账户之中，因此前台接待处给每位登记入住的宾客设立一个账户，供收银处登录该宾客在饭店入住期间的房租及其他各项花费。宾客账户是编制各类营业报表的资料来源之一，也是宾客离店时结账的依据。饭店使用的账户主要有六种：包括散客、团体、非住客、编制账户、永久性账户以及特别账户。清晰的账户是正确计算宾客账目的前提条件。宾客账户由房号、姓名、付款方式以及宾客在饭店各营业场所的消费项目、日期等内容，便于前厅收银处掌握宾客的消费情况。

2. 转账迅速

宾客一般入住时间短，费用项目多，这就要求转账迅速。宾客在每一个营业场所的花费就形成一个分户账，如餐厅分户账、康乐分户账、洗衣分户账等，宾客的账单就是由各营业场所的分户结账单组成的。收银处根据各营业场所送来的结账单将花费登录到宾客的账户中，有关营业部门应把宾客每次与饭店发生的销售交易消费凭证送往前厅收银处，以便及时正确地记入宾客账户。结账单上方的抬头部分应注明宾客姓名、房间号码，其余部分用来记录影响账目余额的各项消费内容。各营业部门必须按规定的时间将宾客账单送往前厅收银处，防止跑账、漏账。

目前，绝大多数的饭店采用计算机联网收银系统，宾客在饭店任何部门花费，只要各营业点的收银员将账目输入联网的计算机软件中，前台软件系统就能即时显示宾客当时的支付款项，避免了漏账现象，大大提高了工作效率。

3. 记账准确

宾客在入住期间的花费采取依日累计的方法，每日结算一次，宾客离店时，只要将结算值再加上当日的房费即可，这样可以大大提高宾客离店时结账的效率。这就要求各营业点的收银员在记录或是登记入账时做到认真仔细、准确无误，特别是宾客房号、姓名、消费日期与时间、消费项目与金额等更应该详细记录，以减少结账错误给饭店与宾客带来的不利影响。

7.1.2 客账处理流程

1. 建账

通过建立清晰的账户，监督和管理宾客在饭店发生的各种交易，收取所有应收账款。饭店前厅宾客账户主要分为两类，即住客分类账与应收款分类账。住客分类账是为住店散客与团队宾客开设的账户，应收款分类账是为非住店户(亦称外客账户)和饭店管理人员开设的账户。账户建立是记账、入账的第一步，它记录宾客在店内的消费账目。账户所包含的一般信息有宾客姓名、房间号、消费场所、账单号、消费摘要、签字等。在饭店与宾客交易中，饭店会适时地向宾客收账。饭店使用的账户通常有以下六种。

(1) 散客账户。散客账户也称为个人账单、客房账单、宾客账单，它是为每一位散客设立的账户，其作用是记录他们和饭店之间发生的会计事务。

(2) 团体账户。团体账户又称为团队账单，它是团体使用的账户，包含着不转至个人账单的一些交易记录，一般用于多数团队和会议的记账服务。对于团体住客，一般应设两个账户：公账账户(亦称主账户)和私账账户(亦称杂费账户)，公账账户用于记录团体的集体消费账目，由旅行社或接待单位付款。私账账户则用于记录团队中的个人消费，由宾客个人支付。

(3) 非住客账户。非住客账户，又称半永久性账户，它是为那些不是住店宾客但产生店内费用的个人而设置的账户。这些宾客一般包括健身房成员、企事业客户或是当地政要等。非住客账户号在账户建立时确定，当收银员向非住客账户收费时，必须要求宾客出示账户卡，以确认转账有效。

(4) 编制账户。编制账户又称控制账单，用于饭店各营业部门跟踪转账至其他账单(个人、团体、非住客或员工账单)的所有事务。例如，住店散客在餐厅吃饭，他的花费总额将转账至对应的个人账单，与此同时，该总额又将作为餐厅延迟付款转账至对应的控制账单。

(5) 永久性账户。永久性账户是与饭店有业务合同的信用卡公司账户，用来跟踪由信用卡公司结算的宾客账单余额。饭店将为每个和它有合同付款程序的实体建立一个永久账户。如果宾客要求其账单余额通过一张可接受的信用卡支付，则将宾客余额转账至对应的永久账户。永久账户使得饭店在宾客逗留时间之外仍能跟踪应收账款。只要饭店继续和该实体保持业务联系，对应的账户也将永久存在。

(6) 特别账户。特别账户是为提供一些特别服务而设立的账户。

2. 入账

饭店的入账方法主要有计算机入账与手工入账两种。

(1) 通过计算机入账。宾客在饭店各营业点的费用，通过安装在各营业点的计算机管理系统软件终端输入，然后通过软件即时进入到前厅收银处的宾客账户。例如，餐厅的收银处与前厅收银处计算机联网后，不管住客在什么时候消费，就能输入到该宾客的消费账户中去；再如，客房的直拨电话系统与前厅收银处计算机联网后，只要宾客在房间拨打外线电话，电话费用立即能自动计算出来并转到该宾客的账户上去。通过计算机入账，既准确又迅速，同时还可以通过计算机编制营业报表。

(2) 手工入账。一些小型饭店仍使用手工入账，与计算机联网入账方式相比，手工入账的速度比较慢，而且容易遗失和漏收，这就要求饭店建立严格的程序，责任到人，加快账单开出及传送的过程，尽量提高入账的速度。

无论是计算机联网入账，还是手工入账，宾客账单最后都要归总到前厅收银处，由收银员放入住客各自的账卡里，作为宾客结账时的原始依据。前厅收银员在存放这些账单前，应认真复核账单上的签字、房号是否与登记表上的房号、签字相符。

3. 夜审

夜间审计，是指前厅收银处在夜间(通常为夜间23:00～早晨7:00)对当日收到的账单进行审核和结转账目，完成制作经营报表等工作，以确保宾客账单准确无误和反映饭店经营中的问题，以及安排夜间到来的客人。夜间审计也可成为夜间查账，在规模较大的饭店里设有主管审计和审计员，在小型饭店则可由夜间收银员承担。

饭店进行夜间审计的必要性在于：第一，饭店是全天24小时营业的，这意味着客人在任何时间都有可能抵达和离开饭店。因此，费用的产生和客人的结算也是随时的。为了确保饭店的经济收入和对消费者负责，在客人退房时能及时提供账单，就必须有专人负责账目审核；第二，在正常营业的情况下，饭店白天业务往往比较繁忙，而夜间业务相对较少。由于客人白天结账较多，一些费用凭证暂时无法入账，夜间审计则可以完成白天所有尚未结转的账目；第三，收银员在白天的工作中有可能出现转账错误、入账错误、数字书写和计算错误，接待员也有可能出现客房状况控制失误，或是前厅可能出现一些特殊情况，而且有关饭店营业情况的报表也适合在夜间制作。因此前厅的夜间审计工作是十分重要的。

夜审工作流程依据饭店的具体情况如饭店业务量、所用的设备、具体的分工不同有较大的区别。例如，一些饭店夜审只负责收银处的客人账单和各部门凭证的核算。而一些饭店却要求夜审员完成夜间前厅的全部事务。但是，由于夜审工作的共同特点，形成了一套完整的工作流程。

(1) 费用入账。夜审员的第一项工作是将白天尚未结转的费用凭证及时转入客人账单。如果采用计算机系统，只需核实上一个班次的数额即可。如果采用手工审账系统，则需逐项转入对应的客人账单。

(2) 核对客房状况。核对客房状况是指核对前厅与客房部之间有关客房状况是否存在差异。此项工作不仅有利于客房状况控制，而且能够从客房状况的错误中发现账目问题。

(3) 平衡各部门的费用额。平衡各部门费用额是夜审的主要工作内容。各部门费用额的平衡标志着饭店收益没有任何差错，各部门的输入准确无误。平衡的办法是将前厅收银处客人账单里的原始凭证取出，然后按各营业中心分类，如电话费、洗涤费、餐饮费等分别放在一起，累积各部门费用额，得到部门费用总额。用这些数额与各营业中心的营业额相比较，如果双方一致，说明部门费用和没有差错，如果双方不一致，那么夜审员就要逐项核对原始凭证和所打印数额。审账工作是十分繁重的，但饭店使用计算机管理系统会使此项工作简单化。

(4) 核对客房房价。饭店要求的夜间审计员制作每日客店收益报表。为此，夜审员要核对和填写客房价格。这项工作的复杂性是由客房的公布价与实际的出租价往往不一致而造成的。夜审员如果发现客房公布价与出租的实际价格不一致，应按以下线索审核：首先要注意团队客人、享受公司优惠价的客人、免费和折扣房价以及其他优惠价的客人。其次审查"房费折扣或免费申请单"。核对是否每位享受优惠房价的客人都符合条件，防止一些前厅接待员自作主张，为亲友提供优惠。

(5) 结转客房费用。在高档次的饭店，房费是由夜审员使用过账机自动结转的。使用计算机软件系统的饭店，客房费用的转账更加方便和迅速，同时夜审员还要完成办理客人续住的程序。

(6) 制作部门收益报表。在完成以上工作后，夜审员还要完成各部门的收益总结报表，连同原始凭证一起送交财务部。

(7) 编制饭店的营业日报表。该表是全面反映整个饭店营业情况的业务报表。通常一式两份，一份于次日上午送至总经理办公室，以便让管理人员及时了解饭店营业情况，进行经营决策，另一份则的交财务部。

4. 结账

具体内容详见本章 7.3 节"结账离店"的内容。

7.1.3　宾客付款方式

客人采用的付款方式一般包括：现金支付、信用卡支付、支票支付、转账支付等。各种付款方式具体操作程序如下所述。

1. 现金支付

若客人入住时有现金抵押，则首先要将押金收据收回。一般情况下，抵押金额都是大于消费金额，收银员需按照电脑系统显示的余额向客人退款，并在结账完成后将押金收据与发票订到一起上交财务，详见第 5 章的表 5-3。

2. 信用卡支付

若客人入住时不是使用信用卡交纳押金的，则直接按照电脑系统显示的消费金额在 POS 机上刷卡扣款。当 POS 机的签购单打印完毕后，务必请客人签字确认。若客人入住时使用信用卡交纳押金的，收银员需取出该卡的签购单，并从客人处取得信用卡，仔细核对信用卡与签购单显示的内容是否相符。若不符，需请客人换卡；若相符，则直接在 POS 机上作消费交易和预授权完成。

信用卡使用时，应注意以下问题：接收时，首先需查看其有效期，并核对持卡人与住宿宾客的姓名是否相符；根据预计或实际消费金额进行预授权，所有信用卡一律按人民币金额结算；酒店不受理信用卡提现业务。

第 7 章 收银与结账离店

知识链接

信用卡的起源和发展

信用卡(Credit Card)结算是一种非现金交易付款的方式,是简单的信贷服务。信用卡一般由银行或信用卡公司依照用户的信用度与财力发给持卡人,持卡人持信用卡消费时无须支付现金,待结账日时再还款。

信用卡于 1915 年起源于美国。

最早发行信用卡的机构并不是银行,而是一些百货商店、饮食业、娱乐业和汽油公司。美国的一些商店、饮食店为招徕顾客,推销商品,扩大营业额,有选择地在一定范围内发给顾客一种类似金属徽章的信用筹码,后来演变成为用塑料制成的卡片,作为客户购货消费的凭证,开展了凭信用筹码在本商号或公司或汽油站购货的赊销服务业务,顾客可以在这些发行筹码的商店及其分号赊购商品,约期付款。这就是信用卡的雏形。

据说有一天,美国商人弗兰克·麦克纳马拉在纽约一家饭店招待客人用餐,就餐后发现他的钱包忘记带在身边,因而深感难堪,不得不打电话叫妻子带现金来饭店结账。于是麦克纳马拉产生了创建信用卡公司的想法。1950 年春,麦克纳马拉与他的好友施奈德合作投资一万美元,在纽约创立了"大来俱乐部"(Diners Club),即大来信用卡公司的前身。大来俱乐部为会员们提供一种能够证明身份和支付能力的卡片,会员凭卡片可以记账消费。这种无须银行办理的信用卡的性质仍属于商业信用卡。

1952 年,美国加利福尼亚州的富兰克林国民银行作为金融机构首先发行了银行信用卡。

到了 20 世纪 60 年代,银行信用卡很快受到社会各界的普遍欢迎,并得到迅速发展,信用卡不仅在美国,而且在英国、日本、加拿大以及欧洲各国也盛行起来。

1978 年,中国银行广东省分行与中国香港东亚银行签订协议,开始代理国外信用卡业务,信用卡从此进入中国。

1985 年,中国银行珠江分行发行了中国历史上第一张人民币信用卡——珠江信用卡。

2002 年 3 月,中国银联股份有限公司在上海浦东正式成立。

信用卡产业的利润特征之一是基于大数原理的规模效应。在完成信用卡市场跑马圈地之后,接下来的几年间,各大银行将重点转移到维护客户忠诚度和深度挖掘客户价值上来。根据成熟市场经验,当人均 GDP 达到 5000 美元,信用卡将进入国际公认的信贷消费高速成长期。2006 年,中国城市中有数十个已经达到此规模,信用卡产品的生命周期也步入成熟期。

3. 支票支付

若客人入住时使用支票交纳押金的,结账时收银员首先需收回押金单。使用支票结账时应注意以下问题:支票票面需整洁、无折痕,印鉴清晰、有效,非原子印章不得遮盖支票下方电脑识别码;检查支票是否过期(支票付款期为十天,自签发日起算,节假日不顺延);日期(大写)、收藏单位名称、大小写金额和用途填写正确、字迹规范,大写顶头、小写金额前额加"￥";查验持票人证件,并将持票人姓名、身份证号码、住址、单位地址、联系电话登记在支票背面左上角的背书栏线以上空白处;支票应使用黑色钢笔或签字笔填写(包括背面内容);支票不被用以提现;拒绝接收发生过空透情况的单位支票。支票样单如图 7.1 所示。

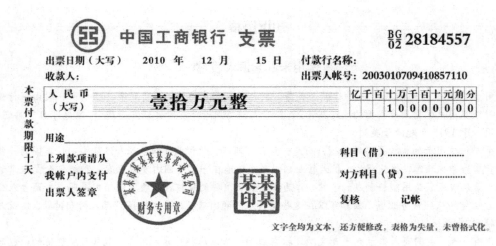

图 7.1 某银行支票样单

4. 转账支付

转账支付是指客人结账时所产生的费用均转入协议账户，由签订挂账协议的单位或个人来结算。转账支付有以下问题需要注意：协议单位挂账，账单与明细需相符，账单由有效签字人签字确认；协议单位有效签字人的有效期以电脑显示为准；非协议单位挂账，需由部门经理签字担保并注明结算期限；旅行社转账的，预订单后需附旅行社订房传真复印件；旅行社转账的结算价格，应与合同签订的价格相符；旅行社团队转账账单，应由陪同签字确认，非协议旅行社，应预付或现付，不得挂账。

不管使用哪种付款方式结账，结账后均需主动开具发票，开具发票必须严格遵守财务制度的要求，票面金额必须与账面金额完全一致，不得多开或虚开发票。

7.2 兑换外币

饭店为方便中外宾客，经中国银行授权，根据国家外汇管理局公布的外汇牌价，可以代理外币兑换以及旅行支票。外币兑换员和总台收银员应接受规定项目的专业技术、技能操作培训，增强识别假钞和安全防范能力，维护国家尊严和利益。

7.2.1 外币现钞兑换

饭店作为中国银行代办外币兑换的机构，一般由设在总台的外币兑换处具体负责该项业务。按国家相关规定，目前可在中国银行或指定机构兑换的外币有美元（如图7.2所示）、英镑（如图7.3所示）、澳大利亚元（如图7.4所示）、日元（如图7.5所示）、挪威克朗、新加坡元、瑞典克朗、瑞士法郎、加拿大元（如图7.6所示）、欧元（如图7.7所示）、丹麦克朗、澳门元、菲律宾比索、泰国铢、新西兰元、韩国元等。

第 7 章　收银与结账离店

图 7.2　美元纸币

图 7.3　英镑纸币

图 7.4　澳大利亚元纸币

图 7.5　日元纸币

图 7.6　加拿大元纸币

图 7.7　欧元纸币

外币兑换服务程序如下所述。

(1) 了解客人需要，问清客人兑换外币币种，并请客人出示护照和房卡。
(2) 认真清点并查收客人需兑换的外币种类和金额。
(3) 检验鉴别钞票的真伪，同时核准该币种是否属于现行可兑换币种。
(4) 填写兑换水单，将外币的种类、金额、兑换率、应兑金额及客人姓名在相应的栏目内，换算精确，填写正确。
(5) 请客人在水单上签字。
(6) 核准无误后将现金和水单交给客人清点，礼貌地与客人道别。

7.2.2 旅行支票兑换

旅行支票是一种定额支票，属有价证券，通常由银行、旅行社为方便国内外旅行者而发行。持有者可在国外向发行银行或旅行社分支机构及规定的兑换点，按规定手续兑换现金或支付费用。

收兑旅行支票的服务程序如下所述。

(1) 问清客人的兑换要求。
(2) 检验其支票是否属于可兑换或使用之列，有无区域、时间限制。
(3) 检验支票真伪，与客人核对、清点金额。
(4) 请客人出示有效证件，当面请客人复签，查看复签笔迹是否与初签相一致。
(5) 按当日外汇牌价，填制水单，准确换算，扣除贴息。
(6) 请客人在水单上签字确认并复核。
(7) 核对无误后，将兑换款项及水单交给客人。

案例分析

春季的一天，在珠海某酒店西餐厅，由于受台风天气的影响，西餐厅没有一个客人，冷冷清清的。突然，电话响了，服务员小俞接听了电话，她听了半天，也没完全听明白对方在说什么。原来对方是外宾，讲的是英语，她只知道该电话是从酒店的客房里打过来的，是要求送餐的，但小俞听不懂客人需要点什么菜，只听得懂客人是在706房间。随后，小俞拿着中英文菜单到706房间，给客人点菜，客人点完菜后，小俞就下单了。菜做好后，小俞要收银员小韩先把零钱找出，以方便客人找零。小俞再次到客人房间时，就把客人所点的菜肴和账单及3元找零给了客人，客人结账给的是英镑，可是小俞从来没有看到过这种钱，钱的表面写得全部是英语，她看不懂，只是看到"100"这个阿拉伯数字，于是就把刚才拿的 3 元给客人，客人摇头，说了一些她听不懂的话，她以为客人给她小费，连声说了几句不标准的英语"Thank You"后就出来了。当她拿着钱到西餐厅的收银处结账时，收银员小韩也不知是哪个国家的钱，就把钱拿到前台去问，才得知那是英镑。小俞把钱给收银员小韩后就下班了，而收银员小韩也是一样，也不当回事，就入账到计算机系统里(后来得知，她入账的时候不是入的英镑，而是入的人民币)，下班回家了。

到了第二天，客人跑到大堂副理那投诉西餐厅……经过调查后得知，收银员小韩自己拿出 100 元人民币入账，私自拿走客人的 100 英镑，这种行为严重违反了酒店的规章制度，损害了酒店的形象。经总经理办决定：辞退收银员小韩，并把她当月的奖金和工资全部扣掉；扣除服务员小俞当月奖金 200 元。

【问题】请分析一下发生这起投诉事件的原因是什么？对酒店有什么启示？

【分析】很显然，事件的起因在于收银员小韩的工作过失，贪小利，加上服务员小俞对工作没有责任心，导致事态发展到客人到大堂副理处投诉的严重后果。酒店员工专业知识不够，作为一名西餐厅员工，竟然连英镑都不认识，如何为客人提供高质量的服务。中国加入 WTO 以后，许多外国人来中国投资，作为服务行业，肯定每天都要接触不少外国客人，其他货币可能在中国流通，作为一名西餐厅员工应该能识别主要客源国家的货币。

服务员小俞对工作不负责任，没有工作责任心，没把事情解决就急着下班。在她给客人买单时，如果懂得英镑可以兑换几倍的人民币，要求收银员找准余钱，就不会导致收银员私自兑换外币，也不至于遭到客人的投诉。另外，小俞的专业英语不过关，西餐厅是外国人在中国用餐的主要场所，接触的外国人也比较多，作为一名西餐厅的服务员起码要懂简单的英语，否则很难为客人提供优质服务。

此案例也给酒店不少启示：一是要加强员工专业知识的培训，使员工对自己工作范围内的专业知识有所了解，使基层管理人员具有系统的旅游知识；二是要加强对基层管理人员和服务员的专业英语培训，酒店员工若不懂一些基础的英语，服务质量将大打折扣。

资料来源：职业餐饮网 www.canying168.com

7.3 结账离店

前厅结账工作是将酒店的产品真正转化为饭店收入的手段，也是宾客离店前接受的最后一项服务。因此，在为客人办理离店手续时，收银员应热情、礼貌、快捷而准确地提供服务，给客人留下服务态度好、工作效率高的良好印象，如图 7.8 所示。

图 7.8 宾客结账

7.3.1 散客结账离店工作程序

(1) 当宾客到前台结账时，请客人出示并交还房间房卡和押金单(若有现金押金)，确认宾客房号和姓名。

(2) 若该酒店需要查房，则通知客房中心检查客房设施设备和小酒吧；若该酒店不需要查房，即可直接结账，但也可询问宾客是否消费客房小酒吧的物品。

(3) 查看客人的退房时间，是否超过该酒店的规定退房时间，若超过，则需加收一定比例的房费。

(4) 打印出账单，交付宾客检查，经其认可并在账单上签字。

(5) 确认付款方式，收银入账，并开具发票。

(6) 有礼貌地欢迎宾客再次光临本酒店，祝其旅途愉快。

案例分析

有位客人在离店时把房内一条浴巾放在提箱带走，被服务员发现后，报告给大堂副理。根据酒店规定，一条浴巾需向客人索赔300元。如何不得罪客人，又要维护酒店利益，大堂副理思索着。

大堂副理在总台收银处找到刚结完账的客人，礼貌地请他到一处不引人注意的地方说："先生，服务员在做房时发现您的房间少了一条浴巾。"言下之意是客人带走了一条浴巾已被酒店发现了。此时，客人和大堂副理都很清楚浴巾就在提箱内，客人秘而不宣，大堂副理也不加点破。客人面色有点紧张，但为了维护面子，拒不承认带走了浴巾。

为了照顾客人的面子，开始给客人一个台阶，大堂副理说："请您回忆一下，是否有您的亲朋好友来过，顺便带走了？"意思是如果你不好意思当众把东西拿出来，可以找个借口说别人拿走了，付款时把浴巾买下。客人说："我住店期间根本没有亲朋好友来拜访。"从他的口气理解他的意思可能是：我不愿花300元买这破东西。

大堂副理干脆就给他一个暗示，再给他一个台阶下，说："从前我们也有过一些客人说是浴巾不见了，但后来回忆起来是放在某个角落了。您是否能上楼看看。"这下客人理解了，拎着提箱上楼了，大堂副理在大堂恭候客人。

客人从楼上下来，见了大堂副理，故作生气状："你们服务员检查太不仔细了，浴巾明明在沙发后面嘛！"这句话的潜台词是：我已经把浴巾拿出来了，就放在沙发后面。"大堂副理心里很高兴，但不露声色，很礼貌地说："对不起，先生，打扰您了，谢谢您的合作。"

整个索赔结束了，客人的面子保住了，酒店的利益保住了，双方皆大欢喜。

【问题】

该案例中的大堂副理是如何做到"既不损害酒店利益，又不伤害客人尊严"的？

【分析】

这是把"对"让给客人的典型一例。客人拿走了浴巾，不肯丢面子，若直截了当指出客人错，就如同"火上浇油"，客人会跳起来，会为维护自己的面子死不认账，问题就难以解决了，仍以客人"对"为前提，有利于平稳局势，本例中的大堂副理，站在客人的立场上，维护他有尊严，把"错"留给酒店，巧妙地给客人下台阶的机会，终于使客人理解了酒店的诚意和大堂副理的好意，而拿出了浴巾，使客人体面地走出了酒店，又避免了酒店损失。这位大堂副理用心之良苦，态度之真诚，处理问题技巧之高超，令人折服。她的服务真正体现了"客人永远是对的"的服务意识。像这样的例子在日常服务中是经常发生的，只要服务人员用心去思考、去钻研、去改进，那么在"客人永远是对的"前提下，我们的服务也会变得越来越正确。

7.3.2 团队结账离店工作程序

(1) 在团队离店前一天根据团队要求准备好团队总账。

(2) 登记进店和离店日期、团队名称、房间数、房间类型、房价、餐饮安排、预付款收取等内容。

(3) 收取团队全部房间的房卡。

(4) 一般团队只支付房费及餐费，费用经领队认可在总账单上签字，其余账目由宾客各自付清，领队要保证全队账目结算清楚后方可离开酒店。

(5) 确认付款方式，收银入账，并开具发票。

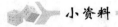
小资料

"快速结账"与"0停留"服务

通常在上午期间，酒店结账的宾客比较集中，为了避免宾客排队等候，或缩短宾客的结账时间，有的酒店推出了"快速结账服务"或"0停留服务"。

1. 宾客房内结账

宾客房内结账的前提是，前台计算机系统与宾客房间的电视系统联网，宾客通过电视机显示器查阅账单情况，并通知收款处结账。如果宾客使用信用卡，收银员可以直接填写签购单，不需要宾客到前台去。如宾客使用现金，则在房间内核对金额后，结账时直接多退少补，简化了手续。一般情况下，房内结账只对信誉较好、采用信用卡结算的宾客提供。

2. 填写"快速结账委托书"结账

对于有良好信誉的使用信用卡结账的宾客，酒店为其提供此项快速结账服务。宾客离店前一天填写好"快速结账委托书"，允许酒店在其离店后办理结账手续。收银员核对委托书的签名与宾客签购单、登记表上的签名是否一致，在宾客早晨离店时只向宾客告知应付费用的大致金额即可，在宾客离店后，在不忙的时间替宾客办理结账手续，事后按照宾客填写的地址将账单收据等寄给宾客。

3. 无押金的离店"0停留服务"

在国外"0停留离店"已不是新鲜的概念，在经济型酒店推行已久。但在国内酒店业，此项服务普及、推广的速度并不快。从客人反馈信息来看，"0秒退房"广受顾客好评。特别是为那些赶飞机或火车的商旅客人带来了极大的便利。此外，酒店方面也可从"0秒退房"中获得额外收益，免除查房、结账手续可以提高前台工作效率，降低工作量，从而节省酒店的运营成本。酒店在快速扩张的同时，应该走品质化道路，重点提升酒店产品质量，并为客人提供更多如'0秒退房'这样的人性化服务，以惠利更多顾客，提升客户的满意度。

案例分析

最新公布的《中国旅游饭店行业规范》中，删去了近年来颇受消费者质疑的"12点退房，12点以后、18点之前加收半天房费，超过18点加收1天房费"的规定，一时激起各方观点交锋。无论是行业或是消费者，对此仍然存在分歧。删去这一行规的真正意义，也许不能简单用"对"或"不对"来评判，或许还存在着更大的意义。

就在各方热议这一行规被取消的同时,不少人却往往忽视了增加的另一条规定:"饭店应在前厅显著位置明示客房价格和住宿时间结算方法,或者确认已将上述信息用适当方式告知客人。"

"增加的这条规定,其实比取消的更加有意义!"某省星级酒店评定委员会资深人士表示,这其实是将退房时间交由市场来决定,在目前的市场情况下这或许应该是最为公平、最为合理的。

有媒体用"阶段性的胜利"来形容此次中国旅游饭店业协会取消"12点退房"规定。做出这样的解读,也许是因为近年来不断有消费者,甚至省市消费者协会质疑这一条款,因此而将酒店告上法院的事也屡见不鲜的原因。

"原《规范》表述的'12点退房',是目前国内外饭店业的通行做法,并不违反法律规定。但随着我国法制建设不断完善,特别是反垄断法进一步规范企业和行业协会行为,《规范》不应该也没必要把酒店退房限定为统一时间。"中国旅游饭店业协会某副会长表示,此次对《规范》进行修改,是由于行业协会不应对退房时间统一规定,而非因为饭店类企业不能作此规定,也不应曲解成"12点退房""寿终正寝","12点退房"始终是国内外饭店业通行惯例。

原《规范》关于"12点退房"的表述又是从何而来?据悉,这是依据国务院文件中《关于饭店计算外宾住房天数的规定》和1981年国际饭店协会章程确定的。

这位会长表示,对"12点退房"有些人接受,有些人不接受,这无可厚非,但"12点退房"作为饭店业国际规则是客观存在的。改革开放以来我国饭店业接待了众多海外旅游者,但目前质疑之声主要还是来自国内消费者。

经常往返上海和海口两地的商务人士施先生说,"12点退房"就必须赶在午饭之前收拾东西出门,大多时候不得不拖着行李出席宴请活动,非常不方便。"其实酒店应该提供多样化的结账方式,过去规定下午6点前退房就算半天房费的计费方式,应该说不太合理。"施先生表示,绝大部分商旅人士其实都有着和自己一样的烦恼。

有旅行社表示,取消"12点退房"的规定对团队游客几乎没有影响,因为团队游客大多都是早上退房开始行程的。但对自由行游客就会有很大影响,延迟退房甚至会成为吸引自由行游客的一大卖点。有旅行社负责人就建议,那些主要针对商务人士或自助游游客的酒店,可以推出更为灵活的房费计价方式,以吸引更多潜在客户。

主要针对商旅人士和自由人,以"机票+酒店"销售模式获得成功的携程旅行网,在新规范出台之前,就联合全国500多家酒店举行了一次大规模的"延迟退房"活动,推出后在全国各地得到了响应,成为携程吸引客户的一大卖点。

各地区酒店对于"延迟退房"又持什么样的态度?在取消"12点退房"规定一周后,某省多家不同档次的知名酒店,均被告知在酒店客人未满及无预订的情况下,酒店可以根据客人入住的时间等具体情况延迟退房,但最多不会超过下午2点。

有酒店负责人更明确表示,在旅游旺季酒店入住率较高的情况下,仍然会实行"12点退房"的规定,这样才能保证下一位客人能够在下午2点入住。这位负责人解释说,由于客房需要清洁、整理时间,如果上一位客人延迟退房,无疑将会影响到下一位客人的入住。所以在旺季期间,不会有酒店愿意延迟退房。

究竟应该几点退房?在修改版的《规范》中,在取消"12点退房"规定的同时,并没有对退房时间进行统一规定,而是要求会员和相关企业"在前厅显著位置明示客房价格和住宿时间结算方法,或者确认已将上述信息用适当的方式告知客人。"

这就是说,各个酒店可以自行选择住宿时间结算方法,中国旅游饭店业协会不再统一限定退房时间。退房时间可以设为11点或是13点、14点……也可以继续坚持12点。

不再统一限定退房时间,是否会造成市场的混乱?某省星级酒店评定委员会负责人表示,这正是修改版《规范》对原《规范》的改进,在目前的市场情况下,继续纠缠于是否"12点退房"已经毫无意义。对消费者而言,只要饭店在客人入住前已经做到提前告知并获得客人认可,就等于交易达成。在目前饭店业市场处于供大于求的充分竞争条件下，退房时间问题完全可以也应该交由市场来裁决。

消协方面认为，如果所有饭店都执行"12点退房"的规定，一方面破坏了竞争秩序，一方面侵害了经营者的经营自主权。各大酒店应针对自己不同的消费群体，制定更为多样化、个性化的服务。而且对消费者而言，"12点退房"的统一规定显然侵害了他们的选择权和公平交易权。

【问题】请简要评析《中国旅游饭店行业规范》中有关退房时间的新规定。

【分析】随着新的《中国旅游饭店行业规范》出台，酒店计费方式会更加多样化，消费者的选择也会多样化，饭店业价格竞争将会呈现公平、活跃的局面，相信各大酒店会针对各自消费群体不断推出有竞争力的计价方式，以提升自己的市场竞争力。

其实早在新《规范》出台前，已经有酒店开始推出更为个性化的房价计费方式。最具代表性的是某商务酒店在开业伊始，就打出了"24小时退房"的招牌，而且将其作为酒店主要卖点。该酒店有关负责人表示，推出24小时入住退房制的初衷就是从消费者角度考虑，真正实现按"天"计费。这一计费方式非常受散客欢迎，不少散客甚至就因为这个原因而选择再次入住这家酒店。

资料来源：职业餐饮网 www.canying168.com

学习小结

本章阐述了宾客各种付款方式的操作规范、客账控制流程、客账处理要求，以及我国可兑换的外币种类，介绍了外币兑换的服务程序、旅行支票的收兑程序，同时要求学生掌握散客结账离店的工作程序、熟悉团队结账离店的工作程序，并了解快速结账服务和"0停留"离店服务。

【思考与实践】

1. 小组讨论：如何避免客人逃账事件的发生？
2. 什么是夜审？调查一下除酒店业外，其他行业是否有夜审制度？
3. 有机会入住酒店时，使用信用卡支付押金，观察收银员的操作流程。
4. 结合本章内容中的外币照片，查找相关资料熟悉主要客源国的货币。
5. 分组分角色模拟训练外币兑换。
6. 旅行支票的兑换程序是怎样的？
7. 结合本章最后一个案例，调查一下学校所在城市的各类酒店的退房时间规定。
8. 分组分角色模拟训练散客结账离店工作。
9. 酒店的快速结账服务是如何操作的？

第8章 前厅部服务质量管理与宾客投诉处理

本章概要

- 前厅部服务质量的构成和特点
- 提高前厅部服务质量的途径
- 前厅部服务质量问题控制的运用
- 前厅部客史档案的来源
- 客人投诉处理的原则
- GSM、大堂副理和宾客关系主任的岗位职责

学习目标

- 熟悉酒店服务质量的构成
- 掌握前厅部服务质量的构成和特点
- 掌握提高前厅部服务质量的途径
- 熟悉前厅部服务质量控制的运用
- 熟悉前厅部客史档案的来源
- 熟悉客人投诉处理的原则
- 熟悉 GSM、AM 和 GRO 在业务上的联系和区别
- 了解"酒店危机服务"的含义

案例导读

我希望这次暗访是一次愉快的经历。同时,我也将对我的所见所闻不折不扣地提出自己的意见。

酒店就像一个舞台,我是来看戏的。但为了看好戏,我必须深入其中,或成为其中的一分子,才能真正体验到,并提出自己的观感。这是体验经济时代的基本特点。

酒店的名字我早就知道了,报纸上有宣传,我也浏览了网页,并知道他们的经营理念很有特色:"给人方便,给人自信,给人欢喜!"

这该是一种怎样的服务呢?我很想体验一下,且充满期待。现在我的旅行开始了。

我通过第三方订房中心预订了这家酒店,当然,我特意告诉订房中心,我也是做酒店工作的,并且是某某酒店的总经理,希望他们能用心地查证我在别的酒店的待遇。

深夜到达

到达大堂的时间要比预订时间晚很多,我事先给酒店打电话说:"我是某某,预订时说下午6:00到,现在要晚一些才能过去,大概在晚上11:30之前,请帮我确认并保留房间。"

晚上11:00左右,我与当地的朋友一起乘出租车到酒店大门。朋友也很想看看这家酒店。出租车停稳后,迎宾员很快为我们打开车门,接过我的包,使我顺利下车。一起下车的朋友就对他说:"我还要坐这辆车回去,麻烦你告诉司机,就在这里等我。"迎宾员回答:"好的。我会让他把车停在停车场。"说完,把手提包递给我,就去引导出租车了。

登记,然后进房

在离总台还有15米的地方,就听到总台服务员的问候:"欢迎光临"。我告诉她说:"我已经预订,我叫某某。"她就拿出登记表和笔递给我,请我出示证件,并表示说:"我帮您登记。"再后,请我签字确认。这时,一位领班模样的员工走向我,说:"您是某先生吧,我们一直在等候您。"在这里,我和朋友告别,拿到钥匙,向房间走去。因为有行李员帮我拿包,我就能空手走,两个人并排走到电梯,并到了36层。在房间的前面,已经有人在迎接。寒暄之下,知道是值班经理。他亲自从行李生手中接过钥匙,为我打开房门。他知道我是同行,就请示我是不是要省略房间防灾设施和避难路径等情况的介绍。我要求介绍,于是,他给我做了仔细的讲解。这时,我发现床铺还没有整理好,床边也没有放鞋垫,就问:"你们酒店不放床边鞋垫吗?如果没有也没有关系。"他们一边整理床铺,一边道:"哪里,马上给您拿来。"说完,就跑出房间。

……

第二天早上

早上6:20,我到一楼,先到总台结账,然后,走向咖啡厅,前天晚上我曾打电话给值班经理并告诉他,我喜欢喝什么咖啡。6:25,离营业开始还有5分钟,我问咖啡厅引座员:"我点的咖啡已经准备好了吗?"她回答道:"已经准备好了,正在等着您呢!"坐在座位上。6:30,咖啡如期送到。喝完咖啡后,我就拿着包,乘出租车离开了酒店。

后来

两三天后,我收到酒店总经理署名的问候信,感谢我的光临,并认为服务不完善,非常抱歉,请我务必指出来,等等。

以上是一名酒店暗访人士的《酒店服务暗访报告》的部分内容。

【分析】你能说出这家酒店的问题在哪里吗?暗访者是专业人士,有丰富的经验,普通客人看不出来的问题,他能一针见血地指出。如果满分是100分,最多,给这家酒店60分。感动?没有。这里提供的服务,只不过满足了对服务很挑剔的客人的最低要求。他们没有实现"给人方便,给人自信,给人欢喜"的服务承诺,所以,很遗憾!

假如服务评价设定满分为100分,应该给酒店打多少分呢?篇首案例中的"我"的评价是这样的:

哪里有 VIP 服务?就连一般客人的接待水准都不够。感觉欠缺待客的热心,即不能考虑实际情况,而被规范束缚着。首先是迎宾。深夜的时候,酒店门口的车已经不多了,我的朋友从下车到在总台和我告别,只需要几分钟时间,有必要让出租车停到停车场吗?没有充分考虑到我朋友回头乘车的时间。再有,立即把手提包还给我,那里离总台还有 15 米,这本身是一个大错误。此前接我手提包的时候又是默不出声的,也不对。一般常识,迎宾员应直接把行李转给行李生。

然后,是总台接待。又怎样呢?打招呼的方法有问题。我已提前告诉他们,我将在晚上 11:00 之后去登记,恐怕那天晚上也就我一个人了吧。当然,总台说了"您是某先生,我们一直在等候您"这句话,应该不错,体现了待客的热心。不过,如果知道我享受 VIP 待遇,难道不知道作为特权,我是不用在总台登记的吗?顺便说一下,这个特权还应包括预结账。员工服务也存在问题。从总台向房间走的时候,和客人并排,不对。他应该走在客人前面一步。因为不是回头客,我不知道电梯在哪里的。实际上,我当时很困惑我应该往哪个方向迈步。

同时我觉得在接待客人方面最有问题的,就是值班经理。在客房迎接我,对吗?对 VIP 客人应到总台迎接。如果因故不能下来迎接,应交代总台提前给我讲明,说:"今天值班经理正在房间门口等候您。"我到房间后,床还没铺好,可以说根本没有待客的诚意。我虽是同行,但还是要付房费的,所以,我是彻头彻尾的客人,而不是 VIP,实在不该。第二天早上,我办完退房手续离开酒店的时候,值班经理没有出现。作为 VIP 服务,这的确很成问题。

咖啡厅员工能以热情的态度迎接早 5 分钟到达的客人,这一点很周到,我很感动。但是,既然我已经坐到位置上,为什么咖啡在 5 分钟后才送上? 6:25 我到达咖啡厅的时候,煮好的咖啡香味已经飘来了,说明已经准备好。当然,我不能抱怨,因为他们确实严格遵守了约好的时间。但是,我已经说过了,我要早点出发,所以,还是觉得咖啡越是早上,我就越高兴。

在竞争激烈的酒店业,服务质量是生命线。那么,酒店服务质量由什么构成?前厅部作为核心部门,它的服务质量的内容和特点是什么?

资料来源:王伟.饭店危机服务.北京:旅游教育出版社,2008

8.1 解析前厅部服务质量

酒店服务是酒店向宾客提供一种具有特殊使用价值的劳务产品。它是综合性的概念,是有形的设施设备和无形服务的结合。对于其他实物产品相比,酒店服务具有的特点为:综合性、不可贮存性、生产和消费的同一性、质量的不确定性、对员工素质的依赖性。

前厅部位于酒店最前部的大厅,是整个酒店业务活动的中心。前厅部服务质量的好坏直接影响到宾客对整个酒店服务质量的评价。

8.1.1 酒店服务质量

1. 酒店服务质量的概念

酒店服务质量是指酒店所提供的服务产品在使用价值上满足宾客和社会需要的程度。

从本质上讲酒店服务质量是产品的使用价值满足宾客需求的程度。适合和满足宾客需求的程度越高，则服务质量就越好；反之，服务质量就越差。

2. 酒店服务质量的构成

1) 设施设备质量

酒店的设施设备是酒店赖以生存和发展的基础，是酒店向宾客提供服务的有形载体，也是酒店服务质量的重要内容。

2) 菜食产品质量

菜食产品是酒店唯一生产的实物产品，也是服务质量的一个重要组成部分。它主要包括：菜食产品的生产质量；菜食特色和多样性。

3) 劳务质量

劳务质量是酒店服务质量的本质表现和主体，它是服务质量的核心内容。具体包括：服务态度、服务技巧、服务效率、礼节礼貌和清洁卫生。

4) 环境氛围

酒店的环境氛围是由酒店的装饰、环境卫生、服务设施的布局、服务人员的精神面貌等要素构成的。

5) 安全状况

安全状况也是酒店服务质量的关键性问题，可分为以下三方面内容。

(1) 环境。根据客人的需求心理，酒店在环境上要制造一种安全的气氛，给客人以心理上的安全感。比如，酒店有一批训练有素、目光敏锐、警惕性强的迎宾员、总台员工和保安，主要通道24小时的监测，客用电梯使用门禁卡等，这都会让外出旅行的宾客有一种在陌生地的安全感。

小资料

在上海举办的第41届世博会期间，上海所有的宾馆、招待所、旅馆，对入住客人都要进行安检。在上海卢湾区思南路、泰康路附近的一些经济型酒店，由于靠近浦西世博园区和轨道交通9号线、世博轨道专线13号线，客房入住率较高，同时也出于安全原因，在世博会期间取消了行李寄存服务。

(2) 防火防盗。此项工作始于酒店设计建设阶段，在酒店的日常管理中更是重中之重。酒店要采取一切可能采取的措施，按消防和治安要求作好防火防盗工作。

(3) 侵犯骚扰事件的防止。宾客既不能受到外来的侵犯和骚扰，也不能受到内部的骚扰。比如，登录携程网，搜索中外网友对他们入住过的酒店的评价，会发现一些外国网友对塞进酒店客房门缝里的"名片"非常反感甚至厌恶，这些名片上，内容低俗，多是陪游、陪聊服务。网友们认为，作为高星级酒店，居然能让某些人混进来发名片，足见它的安保工作管理的规范程度。

服务质量是由酒店的各项服务要素构成。其中，设施设备、菜食产品是基础，环境氛围是补充，劳务质量是最终的表现形式。因此，服务质量被称为"酒店的生命"。

8.1.2 前厅部服务质量

1. 前厅部服务质量的构成

由于服务质量是满足客人需求的一种属性，它表现为客人的一种心理感受，因此前厅部服务质量主要由以下几个方面构成。

1) 前厅的服务环境

良好的前厅服务环境能满足客人的精神享受，整洁、清新、优雅而富有浓厚服务氛围的环境可以使客人的心力感受良好，从而对整个酒店的服务质量留下深刻的印象。前厅服务环境质量主要表现为服务布局合理，建筑形式民族化，内部陈设现代化，各种装饰艺术化，并带有浓郁的地方特色，设施用具也要具有现代化水平，如图8.1所示。

图 8.1 前厅服务环境

无锡某饭店地处蠡湖风景区，环境优美。客人从进入饭店的林荫开始，就会发现饭店的花园里到处有高大参天的香樟树，从大堂大门垂下的金色叶子，到大堂内金色的"香樟纳客"雕塑，无不浸透着自然的气息。

2) 前厅服务设施设备

前厅部的许多服务项目是依赖其设施设备而提供的。这些设施设备的质量在很大程度上决定了所提供的服务质量。在前厅部对客服务中主要有两大类设施设备：一类是直接供客人使用的，比如大堂的多功能自助式查询机、电话等，其完好程度、性能将直接影响客人的使用；另一类是服务人员用以向客人提供服务的，如酒店前台计算机管理系统、电话系统、信用卡结算系统、身份证识别系统、商务中心的复印、打印、传真、扫描多功能一体机等，如果性能不佳或维护保养不善，也会影响内部操作和向客人提供服务，从而间接影响服务质量。因此，应加强各种客用和自用设备的维护保养，保证设备的正常使用。

3) 前厅服务行为质量

即前厅部服务人员用劳务形式直接创造的产品质量。这种质量是前厅服务质量的主要表现形式，其水平也最难控制。主要内容可分为以下两方面。

(1) 服务的规范性。服务的规范性即准确、可靠、按时、保质保量、规范地向客人提供所承诺服务的能力。这一能力更多地来自于酒店及其部门的规章制度、服务规范和服务程序。完善的程序和制度可以规范员工的服务行为，保证服务质量的规范和统一。

(2) 服务的具体性。服务的具体性就是服务过程中酒店客人具体可见的人员、设施设备、环境等诸多因素。在服务过程中，影响服务质量的要素大都是客人无法直接认知的抽象因素。客人对酒店服务质量的印象和判断通常来自于对酒店的硬件条件和环境以及员工的仪容仪表、礼节礼貌、服务技能等具体可见的直接感受。

4) 前厅员工情感投入

情感投入即员工在对客服务过程中所表露出来的对客人的关心和重视。在前厅服务过程中，服务是否到位，实际上取决员工的事业心和责任感。因此，情感投入也是前厅服务质量最基本的构成之一，它不可避免地影响着酒店的服务质量。比如，我国酒店的员工高流失率一直是困扰着我国酒店持续发展的一个重要问题。在其他行业正常的流失率应该在5%～10%，作为劳动密集型的旅游酒店员工的流失率也应该不超过20%，但是，国内的酒店远远超过了这个数字。导致员工流失的原因常常是多方面的，其中有一个不容忽视的因素，就是对本职工作缺乏热爱，缺少情感投入。无论是酒店的管理者还是普通服务员，只有将客人当成自己的家人，对他们真情相待，才能及时准确地发现他们的需要。

 小资料

根据近几年的数据统计，北京、上海、广东等地区的酒店员工平均流动率在30%左右，有些酒店甚至高达45%。而且，酒店星级越高，流动率越大，四、五星级酒店平均员工流动率为25%，二、三星级平均为20%；同时，与发达国家的酒店员工流动率15%～20%相比，我国酒店的员工流动率也是偏高的。

2. 前厅部服务质量的特点

由于前厅服务质量特殊的构成内容，使其质量内涵有着自己的特点。

1) 构成的综合性

前厅服务质量构成的每一因素有许多具体内容构成，贯穿于前厅服务的全过程。其中，设施设备是前厅服务质量的基础，服务环境、服务行为质量是表现形式，员工的情感投入是补充。前厅服务质量构成的综合性特点要求酒店管理者树立系统的观念，通过训练有素的员工以不同的服务形式和服务程序为宾客提供服务，既抓"硬件"质量，又抓"软件"质量。正如"木桶理论"，它的盛水量，取决于最短的那根木条的长度。前厅服务质量应该有自己的强项和特色，但不能有明显的弱项和不足，否则就要影响服务质量的整体水平。

2) 评价的主观性

前厅服务质量的评价是由客人享受服务后根据其物质和心理满足程度进行的，因而带有很强的个人主观性。因此，前厅部员工应在服务过程中通过细心观察，了解并掌握客人

的物质和心理需求，不断改善对客服务，为客人提供有针对性的个性化服务，并注意服务中的每一个细节，重视每次服务的效果，用符合客人需要的服务来提高客人的满意度，从而提高并保持前厅服务质量。

3) 显现的短暂性

每一次具体的前厅服务的使用价值均只有短暂的显现时间，即每一次服务过程只有一次的使用性，如宾客进店，礼宾员为其拉门，微笑问候；客人问讯，问讯员耐心解答等。这类具体服务不能储存，一旦结束，使用价值也随之消失，不能储存下来。因此，前厅服务质量的显现是短暂的，事后很难弥补，如果进行服务后调整，也只能是另一次的具体服务。因此，前厅员工做好每一次服务工作，争取使每一次服务都能使客人感到非常满意，从而提高整体服务质量。

4) 内容的关联性

客人对前厅服务质量的印象，是通过他抵店前预订客房直至离开酒店的全过程而形成的。在此过程中，客人得到的是前厅部各岗位员工提供一次次具体的服务活动，其相互关联性较大，任何一次服务的失败都会影响到其他服务的质量，进而影响到该客人对整个酒店服务的评价。这就是通常所谓的"100-1=0"的公式，即100次服务中只要有一次服务不能令宾客满意，宾客就会全盘否定以前的99次优质服务，还会影响酒店的声誉。这就要求前厅部的各服务过程、各服务环节之间协作配合，并作好充分的服务准备，确保每项服务的优质、高效，确保前厅服务全过程和全方位的"零缺点"。

5) 对员工素质的依赖性

客房服务质量多表现在房间设施性能状况、卫生清洁程度、用品齐全与否等方面；餐饮服务质量多取决于用餐环境、菜肴质量等方面。而前厅服务质量是在有形产品的基础上，通过员工的手工劳动操作为主，取决于一次次的瞬间对客服务。所以，前厅服务质量对服务人员的素质高低和管理者的管理水平高低有较强的依赖性。

6) 情感性

前厅服务质量还取决于客人与酒店之间的关系，关系融洽，客人就比较容易谅解酒店的难处和过错；而关系不和谐，则很容易导致客人的小题大做或借题发挥。因此，前厅服务人员在接待服务中，提供具有情感色彩的服务是前厅服务员应该努力追求的目标。这种思维方式，就是服务人员从客人的角度来考虑自己的工作行为，是在维护客人与酒店的利益，是"个性服务""亲情服务"及"超值服务"的具体体现，是培养"忠诚顾客"的良好时机。

 小资料

在其他服务行业，情感性对服务质量影响的实例也比比皆是。在国内某著名论坛上曾出现因天气影响航班误点，现场客户经理对延误乘客下跪道歉的帖子和视频。视频中，一位自称53岁的现场客户经理向滞留旅客下跪道歉，并请求旅客登机，一名女乘客连续多次大叫："没用……"并要求"有实质性的东西"。网友们认为经理做法让人难理解，"男儿膝下有黄金，除非被逼无奈，足见情形紧迫"；但大部分网友声讨女乘客，表示"应互相体谅，不能无理取闹"。

3. 前厅部服务质量标准

前厅部服务质量标准通常包括前厅各项服务程序、服务时限、必需的设施设备等。

1) 服务程序

前厅部服务程序即为各项基本服务的正确操作规程和操作步骤,比如预订业务、门厅迎送服务、行李服务、电话总机服务、商务中心服务等。服务程序规范着服务人员的服务行为,确保客人无论何时入住酒店都能享受到同等的服务和接待。

国内外绝大多数酒店管理集团属下的所有酒店都使用一个服务质量标准,其服务程序保证客人无论下榻全球哪一家酒店都能得到同样的服务,享受到该集团酒店的热情与微笑。而有一些连锁酒店,会因为管理者更换,而更换服务质量标准,这对酒店的发展是很不利的。

小资料

洲际酒店集团有一套非常精细的标准操作程序(Standard Operating Procedure,简称 SOP)。SOP 以条例形式出现,并在每个项目的最后提出了一些问题,每个 SOP 的项目,都会分 3 个小章节,分别为:What/Steps(做什么/工作步骤)、How/Standards(怎么做/工作标准)、Training Question(培训提问)。SOP 的好处很多,比如新员工入职可通过 SOP 的培训快速了解一个酒店的部门及其工作,使自己在面对客人的时候知道怎么处理某项业务工作。

2) 服务时限

客人经过长途跋涉,到达酒店的时候,迫切需要休息,他们渴望服务员能为他们提供迅速、快捷的服务,使他们能顺利进入客房休息。因此,前厅服务时间的长短就成为衡量服务效率和质量的重要标准。例如,为客人办理入住登记手续时间为三分钟,结账离店手续为四分钟……但是,管理者不能脱离员工实际业务能力而片面追求服务时限,而是要在保证服务成功率的前提下,尽可能地在规定时间内准确、成功地完成对客服务。

3) 服务设施与设备

服务设施与设备是保证前厅部向客人成功、高效地提供全面服务的基础,包括直接供客人使用的,以及服务人员用以向客人提供服务的。比如,总台依靠现代化设备,为客人办理入住登记手续时间、结账离店手续时间可以大大提高,客人也会非常满意。如果酒店使用的计算机系统落后,程序编制上有很多漏洞,处理数据速度缓慢,那么员工就无法较好地完成对客服务,客人也就不可能对服务质量有好的评价。因此,在服务质量标准中必须明确规定,为在规定时限内完成规定服务程序所应该提供的设施设备,以保障对客服务能高效完成。

知识链接

前厅细微服务

1. 关注客人

(1) 聆听:聆听是一种很好的习惯,同时要注意有所回应。

(2) 使用积极的身体语言：比如恰当的微笑和手势，都能给客人可信的感觉。
(3) 保持目光交流：如果正在忙碌，那么可以先用目光与客人打招呼，让客人不会觉得被怠慢。
(4) 微笑：微笑是一种世界各国人民都能懂的语言。
(5) 认知：确定客人能理解你说的话，尽量少使用术语。
(6) 用愉悦的音调讲话：无论你的心情如何，都应该学会控制情绪，保持良好的心态。
(7) 捕捉服务线索：这是一个优秀的前厅部员工所具备的素质，敏感且灵活。
(8) 避免使用消极的身体语言：尽管你在微笑，但你的眼神和不经意的小动作流露出不屑、烦躁甚至厌恶，注意，客人同样是很敏感的。

2. 提供高效服务
(1) 尽快转向下一位客人：通常情况下，客人办理入住手续的过程中只是静静地等待，这其实不是客人自身希望的。适时得体的言行会减少客人等待的焦急感，更重要的是让客人感觉酒店对自己的重视。
(2) 花足够的时间保证准确性：总台办理入住手续一般不应超过3分钟，使用高科技的前台接待系统会更快，但目前大部分酒店都达不到这个要求。
(3) 将闲聊降至最低限度。
(4) 提前计划：即改善工作流程，比如为了加速有预订客人的入住速度，应该在客人抵店前做好相关的准备工作，包括预先打印好入住登记表、制作房卡、早餐券等。
(5) 跟进：当你不能为客人解决问题而建议他采取别的方法时，"跟进"会让客人觉得你的真诚和细心。
(6) 主动提供选择：这会让客人觉得你很专业，很为客人着想。

3. 增强客人的自尊感
(1) 客人出现时立刻认知：从客人进入酒店大堂朝总台走来，就是接待员意识到为客人提供服务并从内心引起足够重视的时候了。重视的表达方式是内晓房态，外行注目礼。内晓房态是指在客人询问之前，将现实房态了然于胸；外行注目礼就是面呈微笑，眼神亲和地看着客人走向自己。在大多数情况下，前台接待对客人，特别是一些常客，采取"一回生两回熟、三回四回成朋友"的做法极具效果。
(2) 使用姓氏称呼客人。
(3) 聆听，切忌打断客人。
(4) 称赞客人：适当地赞美客人，满足客人的心理需求。

4. 建立融洽关系
(1) 道歉，并用带感情色彩的字眼表示你了解客人的感受：外国客人注重礼貌和话语婉转，前台接待人员应该多用礼貌用语和多注意含蓄，如"Please""May I…""Could you …""Shall I…"等。
(2) 等客人做出反应，然后着手解决问题：不要轻易给客人承诺，但一定要尽力去做，把损失减少到最小。

5. 提供释疑及咨询服务
(1) 解答客人问题：不能给客人模棱两可的答案，"或许""可能"等字眼不要出现在你的回答中。如果不确定，向客人道歉并建议他使用查询电脑或求助于能帮助他的别的员工。
(2) 主动提供选择及说明缘由，以使客人满意。

6. 明确客人需求
(1) 提出适当的问题：语言简洁明了，言简意赅。
(2) 将客人所说作简洁小结：得到客人的确认，避免口误和理解偏差。

7. 推介酒店服务项目
(1) 根据客人具体情况，向客人推介酒店服务项目：注意观察客人的面部表情，如果客人不耐烦，就停止推介。

(2) 目标：让客人满意，使酒店增收。

8. 委托他人处理

(1) 明白要求后，解释别的同事能更好地帮助客人。

(2) 将客人介绍所提到的那个部门的同时，并用客人的口吻将需要委托的事简单小结给那位同事。

8.2 控制前厅部服务质量

前厅部是酒店管理系统中的中枢，前厅服务的好坏直接影响酒店的总体形象。了解和掌握前厅服务的工作任务和工作要求，熟悉自己所在岗位的工作程序，酒店员工就有能力为客人提供良好的服务。前厅部提供各类综合服务项目，需要处理的客人投诉和遇到的疑难问题也相对较多，因此为前厅部常见问题确定处理程序，也成为控制前厅部服务质量的重要方法。

8.2.1 前厅服务质量控制的特点和任务

前厅服务质量的控制是指，采用一定的标准和措施来监督和衡量服务质量管理的实施和完成情况，并随时纠正服务质量管理目标的实现。它是从全局出发，把前厅部作为一个整体，以控制前厅服务的全过程，提供最优服务为目标，以服务质量为管理对象而进行系统的管理活动。

1. 前厅服务质量控制的特点

1) 全方位

前厅部的每一个岗位都要涉及前厅部的服务质量管理。

2) 全过程

前厅部的每一个岗位的每一项工作，从开始到结束，从客人抵店前到离店后，都要进行服务质量管理。

3) 全员参与

前厅部的全体员工都要参与前厅部的服务质量管理。

2. 前厅服务质量控制的任务

(1) 实施服务质量控制所要涉及的一系列程序化工作，如建立服务质量控制的组织机构、制订服务标准、进行检查处理、对存在的服务质量问题进行分析等。

(2) 前厅部各岗位具体的服务质量控制体系，也就是把第一方面的内容落实到每一个岗位的具体工作中去。

(3) 建立严格的操作规范。由于前厅服务工作多以手工操作为主，灵活性较强，存在不同客人的不同需求，因此将服务人员重复性的操作行为予以规范，并进一步制度化，是前厅部服务质量控制的关键。

8.2.2 提高前厅部服务质量的途径

前厅部服务质量是酒店生存发展的基础，酒店之间的竞争，本质上是服务质量的竞争，因此提高酒店服务质量，以质量求效益是每家酒店发展的必经之路，也是所有酒店管理者共同努力的目标和日常管理的核心部分。

1. 树立正确的服务理念

1) 提高服务意识

培养员工的服务意识要强化训练，形成条件反射，增强应变能力，并且要用激励的方法巩固员工的服务意识。比如客人问"今天标准间有空房吗"时，接待员应一口气和盘托出，而不是敲一下电脑才能报出；再问，再敲一下电脑。总机话务员接听电话时，虽然一气呵成、轻车熟路地完成电话接听，但语音太低，有气无力，显得不热情。客人最恼火的就是这类员工。这些业务不精而导致办事拖拉不利索的表现，是应该通过培训提高的。

2) 培养服务感知

服务感知是员工在服务过程中的心理活动过程，涉及对服务的把握和对服务本质的理解，是服务人员生动直观的感性认识。但是，不是每个感觉到需要提供服务的员工都会懂得如何去服务，这就需要管理者去培训他们的服务知觉。培养服务感知必须从大量的工作经验开始，大量的工作经验能为更好地接受培训打下基础。另外还应激发服务员的需要和动机，有些服务员认为酒店的荣誉与自己无关，只要完成工作任务就行了。要改变这种状况，就要激发员工的主人翁意识，培养团队精神和对酒店的归属感。

3) 抓住瞬间服务

(1) 敏锐的洞察力是做好瞬间服务的前提。作为一名优秀的前厅部服务人员，首先要会用敏锐的眼光去观察，也就是通常所说的看出门道。"眼睛是心灵的窗户"，因此，要在与客人眼神交流的瞬间，去洞察其内心世界，在这最短的时间内观察客人的外表、言谈、举止，揣摩出客人的心理，推断出客人究竟希望得到什么样的服务。

(2) 广博的知识面是做好瞬间服务的基石。当客人在住店期间，询问当地风土人情、旅游、交通、文化娱乐等方面的内容时，服务员如果一无所知，或借故避而不谈，这样不但显露出员工知识面的狭窄，进而还会影响服务人员不能正确地通过细节来判断客人，不能推断客人下一步想得到什么样的服务。因此就无法准确地为客人提供能够让客人产生"思想"的瞬间服务，所以让自己成为一名知识性的员工，让广博的知识为服务插上双翼，提高悟性和服务意识，以及观察、分析问题的能力，让每一个精彩的瞬间服务为客人创造"思想"，制造"惊喜"。

(3) 说话的艺术是做好瞬间服务的催化剂。在为客人提供瞬间服务中，服务员不仅要有眼神、微笑、动作，而且还要配以得体的语言，多说欢迎语和祝福话。一句简单的"Welcome

to our hotel",能使客人在异国他乡备感亲切,再来一句"Wish you a most pleasant stay in our hotel",可以使客人立马放松身心,乐于沟通。同时,在说话中要考虑不同的主体,不同的场景、场合,以及说话者的身份、年龄、性别、性格、职业等,从而采用不同的风格。说话的语言风格往往是多种风格的综合,一般说话以平实为主体,再加上幽默、含蓄、庄重等一系列风格,达到一个崭新的境界,使瞬间服务因有了客人最乐意接受的说话方式而更精彩,从而使得体的语言加速瞬间服务的进程。

 小资料

某国际酒店集团的前厅部服务理念

1. No excuse, No explain, No reason.

当发生问题时,我们没有任何借口、不做任何解释、不找任何理由,我们只需要向客人道歉,并且马上跟进,无法解决时,逐级上报。

2. Please ask when you are not sure, have no idea, and do not know. Always offer help.

当你不确定、不清楚,或不知道时,请询问,永远不提供未经确认的信息并始终提供帮助给客人。

3. Take responsibility and ownership.

有主人翁精神,并主动承担责任。

4. Polite, respect and humble.

始终如一的,礼貌,尊重和谦卑对待我们的客人

5. Accept advice in a positive way.

虚心接受建议,以积极的心态听取意见。

2. 推行个性化与人性化服务

随着生活水平的提高,越来越多的客人追求个性化,求新与多变,针对这异类要求的服务,也就称为个性服务。标准化和人性化服务能够满足大多数客人重复性的一般要求,而对个别客人的特殊要求重视不够或估计不足。个性化与人性化的前厅服务可以体现在日常的点点滴滴中。服务质量的要求是永无止境的,而个性化服务正是向着"服务第一,宾客至上"的完美服务迈进了一大步,同时它也能赋予酒店本身一种独特的魅力,因为它能让每位住店的客人无论身份、地位有多么不同,都会觉得自己是这个酒店最重要的客人。

 小资料

现在很多酒店将大堂和商务楼层的站式前台接待服务改为了坐式服务(如图8.2所示),客人可以坐在舒适的椅子上办理入住手续。这种服务台的设计并不会明显提高酒店的成本,相反,这种人性化服务还会因效率的提高和客人满意度的提高而增加酒店的效益。

第 8 章　前厅部服务质量管理与宾客投诉处理

图 8.2　坐式服务前台

3. 坚持标准化和制度化服务

服务质量的基本保证首先是标准化，也就是说，服务工作的基本程序和标准应该是规范和统一的，只有这样才能保证由众多员工协作完成的前厅服务工作。标准化服务的关键是建立标准并严格执行。

在前厅部实践工作中，赢得令人满意的服务质量的关键在于将服务人员重复性的操作行为在规范化的基础上进一步明确为制度化，并要求服务人员在处理不确定的客人实际需求中合理地、灵活地寻求平衡。与此同时，在这一过程中应始终贯彻优质服务的真谛：微笑、真诚、友好和诚实。

前厅服务标准化、制度化得以实现是培训的结果，也是长期深入渗透为客人创造满意服务理念的结果。服务质量标准是动态的，但只要把握其中的精髓，每一个酒店必将在经营中都会获得一个个美好的收获季节。

知识链接

前厅部服务质量控制的实践运用

1. 同时服务一位以上客人

(1) 尽快招呼等候着的客人：尽管只是一句简单的问候语，但至少让客人感觉到你对他的重视。

(2) 为第一位客人服务一个自然时间段，告辞，然后去询问第二位客人你能为他提供何种帮助；能做到这点，需要总台员工的经验积累。

(3) 对第二位客人的要求作出反应，然后在适当的时候再回到第一位客人处：可以在客人思考、与朋友讨论或者填表时说"请稍等"，回到第一位客人处，并说"抱歉，让您久等了"。

(4) 在客人们之间穿梭服务，直到服务结束。这是一名优秀的前厅部员工必需具备的能力，时刻保持头脑清醒，记住每位客人的要求，不会搞错。

2. 处理有争议的账单

(1) 聆听，切忌打断客人，并作出同情的反应；千万不要对客人说这样的话，"你让我说完…"，客人都对这句话很反感。

(2) 从客人处获取你所需要的任何信息：仔细询问，引导客人长话短说，将他的思路引入你的思路里，千万不能在谈话中被客人的思路或者语言方式影响。

(3) 解释收费原因，可能的话，出示恰当收据，原始单据是最有力的证据。

(4) 如果客人表示满意，继续结账，此时也要注意服务态度。

(5) 如果客人仍然不满意，用客人的口吻将问题作小结，并转报给你的上司或经理。小结时，可以回避客人，但大多数客人希望你的上司或经理能给他满意的答复。所以，你可以说，"我请示一下……但不知道成不成……我会尽力帮助您的……"

3. 处理被延误的服务

(1) 聆听，切忌打断客人的投诉。

(2) 用客人的口吻问题作小结，并作出同情的反应，你可以说，"如果我是您，我也会很生气……"

(3) 解释延误的原因。客人比较反感的话，有"是电脑的问题""因为是实习生(或新人)"等，这些尽量不要说。

(4) 告诉客人你将采取何种行动去帮助解决问题。这是实质，客人最关心的问题。

(5) 跟进，并将事情的进展随时通报给客人。

4. 满足急躁的客人

(1) 招呼客人并对延误表示歉意。急躁的客人，需要你的快速行动，所以，你的言语最好少些。

(2) 告诉客人你会尽快为他服务。

(3) 尽快、高效地处理目前的事务，并在必要时反复安抚急躁的客人。

(4) 对客人的等候表示感谢，并尽可能快的提供服务。

(5) 再次对客人表示感谢(尽可能用姓氏称呼)，并为所造成的不便表示歉意。

5. 无某项服务时，如何满足客人

(1) 首先对无法提供某项服务表示歉意。告诉客人，你的原因和难处。比如，客人住的是大床间，想多要条被子，你告诉他由于床上用品都是配好的，没有多的了。但可以提供毛毯和被套，由于是自助式经济型酒店，毛毯需要到总台交押金，被套由服务员送到客房。

(2) 聆听，不要打断客人，然后告诉客人你了解他失望的心情。有时客人打电话给你，真的只是发泄一下心中的不满，挂断电话后，他也可能坐在电话机旁发呆，后悔刚才的冲动。所以，你不必一定要说服他毛毯和被子没什么不同，你只要安慰他，同情他。

(3) 假如所要求的东西无法提供，主动向客人推介别的替代选择。如果客人坚持要被子，可以跟他说，空调可以打高点，房间温度高点，要不，明天早晨有客人退房后可能会有多余的被子，或者两条毛毯……总之，替代选择是灵活的，总有一个是客人能接受的，只是你愿不愿意去替客人想。

(4) 假如客人仍不满意，用客人的口吻将问题报告给你的上司或经理。

6. 接待要求很多的客人

(1) 聆听客人要求，适当时进行小结。小结时要得到客人的确认，以免出错。同时也是让自己再记忆一遍。

(2) 尽可能快地满足客人的要求。

(3) 如客人不满意，道歉并提出某些选择建议。

(4) 将此次服务过程中的特别之处以及客人的要求报告给你的上司或者经理。要求很多的客人，往往是住宿经验丰富的客人。他们的要求，可能就是对我们服务工作的建议和批评。所以，责任心强的你，应该告诉给上司。比如，某酒店采取电梯"门禁卡"，这是一位清洁工阿姨提议的。虽然有好处，但有些客人不习惯。如果和家人的房间不在同一楼层，由于"门禁卡"，电梯到不了，还得让家人在电梯口等着，这样才能碰面。

8.2.3 前厅部客史档案的建立

酒店前厅接待人员在接到客人的客房预订要求时，也许想知道，该客人以前住过本店吗？如果来过是什么时候来的？来过几次？他(她)对酒店重要吗？是一位好客人还是一位有着不良客史不宜再接待的客人？客人有哪些爱好、习惯，喜欢哪个房间？前厅销售人员也许需要一份客人的通信录，以便在圣诞节和新年给客人寄贺年卡，使很久没来住店的客人产生住店的欲望；将酒店新的娱乐项目和节日菜单寄给可能产生兴趣的客人，给多次住店的客人寄送感谢信。如果这样的话，酒店就应该建立客史档案。

1. 客史档案建立的流程

客史档案的建立必须得到酒店管理人员的重视和支持，并将其纳入有关部门和人员的岗位职责之中，使之经常化、制度化、规范化。

1) 建立宾客数据库系统

数据库系统要重点收集记录顾客特别是忠诚度较高的回头客的个人基本信息、消费习惯、偏好、频次、每次消费的金额、特殊要求以及满足程度等，同时要在对顾客的消费频次或金额等信息进行分析的基础上，建立最重要的忠诚客人、次重要的忠诚客人、一般客人三个子数据库系统。除了按消费金额和住店次数进行分类以外，酒店还可以按顾客来源对客人进行分类，以提高针对性服务和营销。

2) 收集宾客信息

客史档案的有关资料主要来自于客人的订房单、住宿登记表、账单、投诉及处理结果记录、宾客意见书及其他平时观察和收集的有关资料。因此，收集客人信息不只是总台的事情，而且也是酒店所有部门的义务。

小资料

某酒店在"客史信息处理程序"中，是这样要求的：
(1) 认真阅读下发的宾客信息反馈表，并作签字确认。
(2) 认真记录其他岗位通知的客史信息、通知人姓名、通知岗位、通知日期。
(3) 将宾客信息反馈表留存在文件夹中。
(4) 将客人信息录入客史。分别录入电脑系统中客人 Profile 下的 Service 和 Feature，以代码显示，如无相关代码，则按格式录入 Remarks 中。
(5) Remarks 具体录入格式：
客史信息：内容+通知岗位/通知人+(输入人和日期)。
例：房间配三盒面巾纸放卫生间　5#/张萍(YoYo/2015/06/12)
其他信息：内容+通知人代号+(输入人和日期)。
例：客人此次作 V1 级别，下次不作　　HHW　(YoYo/2015/06/12)

2. 客史档案的来源

1) 常规档案

包括客人姓名、性别、年龄、出生日期、婚姻状况以及通信地址、电话号码、公司名称、头衔等。收集这些资料有助于了解目标市场的基本情况，了解"谁是我们的客人"。

2) 预订档案

包括客人的订房方式、介绍人、订房的季节、月份和日期以及订房的类型等。掌握这些资料有助于酒店选择销售渠道，做好促销工作。

3) 消费档案

包括包价类别，客人租用的房间，支付的房价、餐费以及在商品、娱乐等其他项目上的消费，客人的信用、账号，喜欢何种房间和酒店的哪些设施等。这些信息有助于了解客人的消费水平、支付能力以及消费倾向、信用情况等。

4) 习俗、爱好档案

这是客史档案中最重要的内容，包括客人旅行的目的、爱好、生活习惯、宗教信仰和禁忌，以及住店期间要求的额外服务等。了解这些资料有助于为客人提供有针对性的个性化服务。

5) 反馈意见档案

包括客人在住店期间的意见、建议、表扬和赞誉、投诉及处理结果等。

3. 建立客史档案的意义

建立客史档案是酒店了解客人、掌握客人的需求特点，从而为客人提供针对性服务的重要途径。客史档案是酒店对于住店客人的自然情况、消费行为、信用状况和特殊要求所作的历史记录。建立客史档案对于提高酒店服务质量，改善酒店经营管理水平具有重要意义。

1) 有利于为客人提供个性化服务，增加人情味

服务的标准化、规范化，是保障酒店服务质量的基础，而个性化服务则是服务质量的灵魂，要提高服务质量，必须为客人提供更加富有人情味的、突破标准与规范的个性化服务，这是服务质量的最高境界，也是酒店服务的发展趋势。

2) 有利于搞好市场营销，争取回头客

客史档案的建立，不仅能使酒店根据客人需求，为客人提供有针对性的、更加细致入微的服务，而且有助于酒店做好促销工作。比如通过客史档案了解客人的出生年月、通信地址，与客人保持联系，向客人邮寄酒店的宣传资料、生日贺卡等。

3) 有利于提高酒店经营决策的科学性

任何一家酒店，都应该有自己的目标市场，通过最大限度地满足目标市场的需求来赢得客人，获取利润，提高经济效益。客史档案的建立有助于酒店了解"谁是我们的客人"、"我们客人的需求是什么"和"如何才能满足客人的需求"，因此，能够提高酒店经营决策的科学性。

4) 有利于建立良好的宾客关系，培养忠实客人

国外很多酒店都十分重视培养自己的忠诚客人。现代信息技术的发展，为酒店的管理创新提供了坚实的物质技术基础。酒店在管理实践中，充分利用现代信息技术的成果，为每一位客人建立起完备的数据库档案。

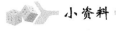

里兹饭店集团已经建立了近 100 万份客人的个人档案，当客人再次入住该集团的任何一家成员酒店，该酒店都可以迅速从信息中心调取他的资料，从而提供客人所需要的服务。

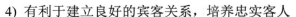

这是一家某高档酒店前厅部经理的自述：我是一名普通的酒店前厅部经理。就前厅部总台接待员来说，酒店一直是强调接待客人要热情、主动。有客人到来，要面带微笑主动向客人问好，主动打招呼，但总有很多总台接待员只集中精神在他们面前的电脑工作，记录客人资料及制作房卡等，这样一来便忽略了与客人之间的接触及服务行业的核心宗旨：以殷勤好客的服务态度接待客人。对此，总台接待员和收银员却辩解说，很多时候他们都很忙，忙于接听电话，电话要在铃响三声内接听，忙于处理手头的工作，忙于接待前一位客人等，所以根本顾不上招呼其他客人。他们说得似乎也有道理，这是一对矛盾。作为前厅部经理，我不知道该怎么对他们说，难道总台的服务质量标准该放弃了吗？

【问题】请问酒店管理人员该如何处理这一对矛盾呢？

【分析】分析此案例，前厅工作中此类问题经常会遇到，有时会产生一定的矛盾。按照行业规范，总台工作人员在忙碌工作的时候，对于等待在总台的客人要示意稍等，并且表示歉意。在入住高峰期时，前厅部经理应安排相应的人手在现场服务宾客，如大堂副理、"金钥匙"、宾客关系主任等一线人员。他们可以及时与客人交流，为其提供帮助，尽可能简化登记手续。同时也要加强员工培训，让员工了解什么是前厅部服务质量，如何减少客人投诉。用工作中的具体案例进行培训，让员工有主动服务意识。最后，酒店应该合理安排总台员工班次，灵活调整总台工作程序，比如转移总台所有电话接听功能，在每日的 C/O 和 C/I 高峰时段安排后台或专人接听电话，保证总台工作人员集中精力为客人提供优质服务。

资料来源：刘伟.现代饭店前厅运营与管理.北京：中国旅游出版社，2009.

8.3　处理酒店的宾客投诉

8.3.1　AM、GSM 和 GRO

1. AM(Assistant Manager，大堂副理)

走进酒店大堂，你就会看到大堂一侧的一张典雅、精美的办公桌，上面摆放着鲜花或者电脑，后面坐着的，就是酒店的大堂副理(如图 8.3 所示)。

图 8.3　大堂副理

大堂副理的素质要求

(1) 受过良好的教育，大专以上学历。

(2) 在前台岗位工作 3 年以上，有较丰富的酒店实际工作经验，熟悉客房、餐饮、前厅工作，了解工程和财务知识。

(3) 有良好的外形，风度优雅。

(4) 能应付各类突发事件，遇事沉着，头脑冷静，随机处理。

(5) 个性开朗，乐于且善于与人打交道，有高超的人际沟通技巧。能妥善处理好与客人、各部门之间的关系，有较强的写作及口头的表达能力。

(6) 口齿清楚，语言得体。

(7) 外语流利，能用一门以上外语(其中一门是英语)与客人沟通。

(8) 见识广，知识面宽。了解公关、心理学、礼仪、旅游等知识，掌握计算机使用知识，掌握所在城市的历史与娱乐场所地点、购物及饮食场所，了解主要国家的风土人情。

(9) 对国家及酒店的政策规定有着充分的了解。

(10) 具有高度的工作和服务热忱。

　　大堂副理是酒店管理机构的代表人之一，对外负责处理日常宾客的投诉和意见，协调饭店各部门与客人的关系；对内负责维护饭店正常的秩序及安全；对各部门的工作起监督和配合作用。采用走动管理方式，至少提供 16 小时以上的对客服务，又被称为"抱怨经理"(complain manager)、"大厅经理"(lobby manager)、"值班经理"(duty manager)。

　　大堂副理的主要职责是代表酒店总经理接待每一位在酒店遇到困难而需要帮助的客人，并在自己的职权范围内予以解决，包括回答客人问讯、解决客人的疑难、处理客人投诉等。因此，大堂副理是沟通酒店和客人之间的桥梁，是客人的益友，是酒店建立良好宾客关系的重要环节。

　　大堂副理可以是主管级，也可以是部门副经理级，以体现这一职位的重要性和权威性。大堂副理的管理模式通常有两种：一是隶属于前厅部；二是由总经理办公室直接管理，大堂副理向总经理办公室主任或直接向总经理汇报。从工作性质和工作岗位的位置来讲，应属于前厅部；而从职责范围来讲，大堂副理涉及酒店各个部门，应由总经理办公室直接管理。还有的酒店将大堂副理划质监部，向质监部经理负责。具体而言，各酒店应根据自身的实际情况来决定。

无论采取哪种管理模式和体制，都要明确大堂副理管理的岗位职责和管理权限，否则，他将很难开展工作。在一些涉外酒店，大堂副理已经沦为酒店的"翻译"，当出现客人投诉或客人与酒店发生冲突时，他只是被请去充当"翻译"的角色，或者与其他部门经理、主管的权力发生冲突，影响和谐与团结。

知识链接

大堂副理工作"五忌"

1. 忌"总是刻板地呆坐在工作台"

大堂副理大多数时间应在大堂迎来送往招呼来来去去的客人，随机回答客人的一些问讯。这不但方便了客人，使酒店的服务具有人情味，增强了大堂副理的亲和力，而且可以收集到更多宾客对于酒店的意见和建议，以利于发现酒店服务与管理中存在的问题与不足，及时发现隐患苗头，在客人投诉之前进行事前控制。

2. 忌"在客人面前称酒店其他部门的员工为'他们'"

在客人心目中，酒店是一个整体，不论是哪个部门出现问题，都会认为就是酒店的责任，而大堂副理是代表酒店开展工作的，故切忌在客人面前称别的部门的员工为"他们"。

3. 忌"在处理投诉时不注意时间、场合、地点"

有的大堂副理在处理宾客投诉时往往只重视了及时性原则，而忽略了处理问题的灵活性和艺术性。例如，在客人午休、进餐、发怒时，或在宴会厅、走廊等公共场所去处理投诉，效果往往不佳，还可能引起客人反感。

4. 忌"缺乏自信，在客人面前表现出过分的谦卑"

大堂副理是代表酒店总经理在处理客人的投诉和进行相关的接待，其一言一行代表着酒店的形象，应表现出充分的自信，彬彬有礼，热情好客，不卑不亢，谦恭而非卑微。过分的谦卑是缺乏自信的表现，往往会被客人看不起，对酒店失去信心。

5. 忌"不熟悉酒店业务和相关知识"

大堂副理应熟悉酒店业务知识和相关知识，如总台和客房服务程序、送餐服务、收银结账程序及相关规定、酒店折扣情况、信用卡知识、洗涤知识、基本法律法规、民航票务知识等，否则会影响到处理投诉的准确性和及时性，同时也将失去客人对酒店的信赖。

2. GSM(Guest Service Manager，宾客服务经理)

某些国际品牌酒店，如豪生(Howard Johnson)、喜来登(Sheraton)等，大堂副理这个岗位则称之为GSM，负责处理比大堂副理更为烦琐而细致的对客关系，且为走动巡察式工作方式，如图8.4所示。

图 8.4 酒店 GSM 与宾客交流

GSM 的岗位职责如下所述。

(1) 检查各营业点员工对各项工作程序和服务标准的执行情况以及酒店的专项检查。
(2) 协调处理饭店突发事件和善后工作。
(3) 查即将到店的重点宾客房间的布置、卫生状况，并迎候陪同客人到房间。
(4) 检查各营业点、客房及公共区域的设备设施和卫生状况。
(5) 参加全店性的安全、卫生检查活动。
(6) 配合安全部对饭店水、电、气及进出人员、进出车辆的安全检查。
(7) 处理宾客投诉，解决宾客提出的疑难问题。
(8) 负责解答宾客的各种询问，宣传推销饭店举办的各项活动。
(9) 与住店客人建立良好的关系，注意收集宾客对饭店的意见。
(10) 协助总台接待和客人结账工作，维护前厅接待秩序。

 小资料

表 8-1　某五星级酒店 GSM 工作日志

Guest Service Manager Log

Date:	2015-1-12	ADR	457.92/461.07
Rooms Occupied	146 间	Occupancy	42.57%
VIP Arrival	NONE	VIP Departure	606 张** 633 林*
A Shift (07：00 – 15：30) GSM			Kelly

07：15am
立达集团的客人陆续至前台退房，GSM 协助前台帮客人退房并送别客人。

续表

07：53am
Yumi 告知 GSM945 房间厨房的洗手池下面漏水，需要我们下午一点左右派人去房间维修。GSM 已第一时间跟工程部打好招呼。12：55，GSM 与工程部同事一起去房间查看并维修，13：23，工程部已弄好，客人表示感谢。

10：00am
接到工程部通知空房 831，845 门锁低电量需要使用机械钥匙开门换电池，GSM 按照程序前往开门。

10：30am
跟进昨日客人的卡被 ATM 机吞的事宜。因已 10：30 了还未见中行负责 ATM 的工作人员过来，故 GSM 再次电话联系那边，其告知路上有事耽搁了故要晚点到。11：15 时，中行负责 ATM 的工作人员至前台将客人的两张卡交给 GSM，随后 GSM 也已第一时间通知到卡主人，她们都会晚点来取，GSM 会继续跟进此事。

11：30am
工程部通知 GSM 现由于广播电台那边的原因导致酒店房间的电视外文频道暂时都没有信号，他们会跟进，但具体恢复时间不确定。GSM 已第一时间将此信息告知总机，前台和客房，已备客人询问时做好解释。15：33pm，工程部告知已恢复正常，GSM 已将此信息告知相关部门。

13：45pm
洗衣房通知 GSM1053 房送洗的 6 件衣物基本上都有些破损(主要是有衣服上有小洞，还有褪色现象)，需 GSM 拍照留存。

14：00pm
Rm652, Mr. Branko, 前台告知 GSM 此房间客人上午 09：50 分退房时说手机忘在房间了，需服务员帮查看，后客房回复没有找到，客人就坐车离开了。下午 14：00 之后，客房告知又发现了此手机的遗留。GSM 让 Tommy 帮联系下相关负责人。后 Tommy 告知需帮客人邮寄到上海，地址也已给到我们，GSM 将具体的地址转交给客房部，她们会尽快帮客人邮寄过去，费用由他们自己出，订单号到时会在东西发出去后以短信的形式发给客人。

3. GRO(Guest Relation Officer，宾客关系主任)

GRO 这个岗位比 AM 或 GSM 的级别小一级，同样是一些大型高星级酒店设立的专门用来建立和维护良好的宾客关系的岗位。宾客关系主任直接向大堂副理或宾客服务经理负责，其职责是与客人建立良好的关系，协助欢迎贵宾以及安排宾客临时性的特别要求。比如，厦门某酒店有五位笑容可掬的宾客关系主任，是把快乐和满意带给所有宾客的五位青春靓丽的女孩，是五朵美丽的"服务金花"，成为一道亮丽的风景线。

GRO 的岗位职责如下所述。

(1) 协助大堂副理执行和完成大堂副理的所有工作。

(2) 发展酒店与宾客的良好关系，并征求意见，做好记录，作为日报或周报的内容之一。
(3) 欢迎并带领 VIP 入住客房。
(4) 负责带领有关客人参观酒店。
(5) 在总台督导并协助为客人办理入住手续。
(6) 处理客人投诉。
(7) 留意酒店公共场所的秩序。
(8) 与其他部门合作沟通。

8.3.2 宾客投诉及其处理

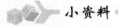 小资料

举世瞩目的第 41 届上海世博会官方网站上，设立了专门的世博会参观者投诉、建议专用信箱，投诉问题主要集中在展馆内商品和特许产品质量瑕疵、餐饮服务质价不符方面，95%的投诉都能得到解决。在网络上有一个新闻，说捷克馆之前有一个投诉，内容是排队时间比较长，有一些工作运营起来也比较麻烦，如果不改善就要撤馆。经查实，这个投诉是在开馆后发生的，是捷克馆的总代表对世博组织工作的投诉。这位总代表所说的问题，后来得到了很好的解决。

1. 投诉的定义

投诉，是指宾客对饭店的设备、服务等产生不满时，以书面或口头方式向饭店提出的意见或建议。前厅部宾客关系管理人员会经常遇到令人头疼的客人投诉问题。如何接待投诉客人，如何处理投诉客人投诉，是每一个酒店前厅管理人员所关心的问题。前厅接待人员和管理人员应当掌握接待投诉客人的要领和处理客人投诉的方法和技巧，正确处理客人投诉，这不仅会使自己的工作变得轻松、愉快，而且对于提高酒店服务质量和管理水平，赢得回头客，具有重要意义。

2. 宾客投诉产生的原因

投诉的产生通常有以下几方面的原因。
1) 作为硬件的设施、设备出现问题

客人对酒店设备的投诉，主要集中在通信效率、准确度、电话信号与转接质量，空调的冷、暖、干、湿，照明亮度，出水流量、冷热交换，供电稳定与否，家具是否完备、好用，电梯有无故障等问题。需知，即使酒店建立了一个对各种设备的检查、维修、保养制度，也只能减少此类问题的发生，而不能保证消除所有设备的潜在问题。

2) 客人对于作为软件的无形服务不满

如服务人员在服务态度、服务效率、服务时间等方面达不到酒店或客人的要求与期望。服务人员与客人的立场不同、个性迥异，所以，在任何时候，此类投诉都将难以避免。

3) 酒店管理不善

如住客在房间受到骚扰、客人的隐私不被尊重、财物丢失等。此类投诉，在酒店接待任务繁忙时，尤其容易发生。

4) 客人对酒店的有关规定不了解或误解

有时候，酒店方面并没什么过错，他们之所以投诉是因为他们对酒店有关政策规定不了解或发生误解，在这种情况下，要对客人耐心解释，并热情帮助客人解决问题。

3. 对宾客投诉的认识

任何忽视客人投诉的做法，都是极其愚蠢的，酒店从业者应客观地、认真地听取客人意见，尽快采取纠正措施，并同时维护酒店的利益。

1) 宾客投诉将有利于酒店工作的改进

客人投诉后，酒店的设备及服务水准就可以获得衡量；所投诉的问题与人员比较明确，易帮助酒店明确责任；改善服务，避免更多类似问题发生；改善客人对酒店印象；有效地提高服务质量和管理水平。

2) 投诉的客人可能是酒店新品的发明者

客人的抱怨，实际上就是他通过体验服务，并从自己的角度出发，对酒店服务与管理提出的改善建议。事实上，很多酒店的新产品，都是由投诉的客人开发出来的。比如，客人抱怨客房隔音有问题，可能酒店就因此而发现了一种物美价廉的材料和特别的施工方法。客人说："你们在这一点上可以参照某某酒店的某做法……"其实也是一个创新的指令。只要酒店能活学活用这些抱怨，那么，酒店将诞生很多"商业计划"。

3) 投诉能体现宾客的忠诚度

作为宾客去投诉，很重要的一点是需要得到问题的解决，此外宾客还希望得到酒店的关注和重视。有时宾客不投诉，是因为他不相信问题可以得到解决，或者说他觉得他的投入和产出会不成比例，甚至是他决定下次再也不入住该酒店；而投诉的宾客往往是忠诚度很高的客户。总之，正确地处理宾客投诉，能有效地为酒店赢得客户的高度忠诚。

网络评价与投诉对酒店入住率的影响

在 21 世纪这样一个口碑时代，酒店所得到的评价已逐渐成为消费者选择酒店的重要指标之一。以往传统的价格战已不再能勾起消费者的消费欲望，相反，整洁舒适的房间和高质量的服务，更能得到消费者的青睐。而预订网站的客人评价与投诉便是体现酒店口碑的一个重要途径。

迈点网就这一话题展开了一次调查，让我们来看看顾客评论对酒店入住率的影响(如图 8.5 所示)。在此次调查样本中，31%的人表示宾客的评论对酒店入住率的影响很大；42%认为评论对酒店入住率影响比较大；21%认为评论对酒店入住率影响一般；3%表示评论对酒店入住率影响甚微；只有3%认为评论对酒店入住率没有影响。在这样一个互联网普及的时代，评论是对酒店服务质量最好的说明。消费者倾向于通过点评整体评分，来形成有关质量和价值的认知，从而进行预订行为。

多数消费者在选择酒店时，会参考客人评论来判断该酒店的性价比如何，哪些地方欠缺，又有哪些特色能够吸引自身。当然，谁都不能保证酒店不会收到一条差评或投诉。但是，酒店可以利用消费者对酒店的负面评价来调整对酒店培训、人力、投资和沟通的投入。这些改善将带来正面评论，从而吸引更多的消费者，带来更多收入，增加酒店效益。

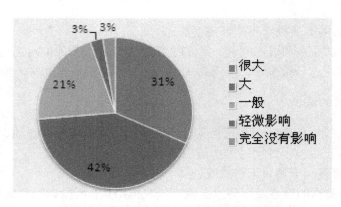

图 8.5　网络客人评论对入住率的影响统计

资料来源：迈点网 www.meadin.com

4. 处理宾客投诉的原则

1) 真诚地帮助客人解决问题

客人投诉，说明酒店的管理及服务工作尚有漏洞。服务人员应理解客人的心情，同情客人的处境，满怀诚意地帮助客人解决问题。只有遵守真心诚意帮助客人解决问题的原则，才能赢得客人的好感，才能有助于问题的解决。

2) 绝不与客人争辩

当客人怒气冲冲前来投诉时，首先，应该让客人把话讲完，然后对客人的遭遇表示歉意，还应感激客人对酒店的关心。当客人情绪激动时，服务人员更应注意礼貌，绝不能与客人争辩。如果不给客人一个投诉的机会，在客人面前表现出逞强好胜，表面上看来服务人员似乎得胜了，但实际上却输了。因为，当客人被证明犯了错误时，他下次再也不会光临这家酒店了。如果服务人员无法平息客人的怒气，应请管理人员前来接待客人，解决问题。

3) 不损害酒店的利益

服务人员对客人的投诉进行解答时，必须注意合乎逻辑。不能推卸责任，或随意贬低他人或其他部门。因为采取这种做法，实际上会使服务人员处于一个相互矛盾的地位，一方面希望酒店的过失能得到客人谅解，另一方面却在指责酒店的一个组成部分。其次，除了客人的物品被遗失或损坏外，退款及减少收费不是解决问题的最有效的方法。对于大部分客人的投诉，酒店可以通过面对面的额外服务，以及对客人的关心、体谅、照顾来解决，如图 8.6 所示。

知识链接

处理宾客投诉的技巧

(1) 不单独进客房调查问题。

(2) 有些客人爱争吵，无论酒店如何努力也不能使他们满意。对于这类应采取什么措施，酒店主管部门应作出明确的决定。

(3) 有些投诉的问题是没法解决的，如果酒店对客人投诉的问题无能为力，酒店应尽早告知客人，通情达理的客人是会接受的。

(4) 在任何场合，都不要匆匆忙忙做出承诺。

(5) 决不与客人动手，同时避免自己受到人身攻击。

(6) 对自己不能解决的问题要及时转交给上级。

(7) 不要转移目标。

(8) 时刻注意维护并提高客人的自尊心。

图 8.6　宾客现场投诉

8.3.3　酒店危机服务

1. 酒店危机服务的含义

常识告诉我们，任何组织体系自其诞生之时起，就伴随着是使之解体的危机，因此，组织体系运作本身，即无休止的"危机处理"过程。为此，提出"危机服务"的概念，旨在强调危机乃服务之不可缺少的组成部分，是与服务一体的，就如同伴随我们肌体的种种毛病一样。酒店的运作正是这样的。

酒店危机服务，就是下潜至酒店面临的种种服务危机深处，并搭建起危机服务体系。然后，就如何把握酒店危机服务的基本工具，认识客人冷漠反应、抱怨与投诉的由来等展开讨论，进而梳理酒店危机服务的基本技巧，并在酒店危机服务组织化管理方面提供指南，阐述酒店危机服务的知识与智慧，力求实现化抱怨、投诉为支持的目标，并在最大程度上降低诉讼的风险。

 小资料

洲际酒店集团有一套《酒店事故和危机指南(亚太区)》，并且设立洲际酒店集团全球危机处理中心，目的是提供一个基础和支持框架,以便让各酒店能制定自己的危机计划并建立危机应对小组(CRT)。表 8-2 列出了部分事故和危机的级别。

表 8-2 洲际集团部分事故和危机的定级

Example 实例	Bronze Crisis Level 铜级危机级别	Silver Crisis Level 银级危机级别	Gold Crisis Level 金级危机级别
Accident 事故		Major injury to one person 一人受重伤	Major injury to more than one person 不止一人受重伤
Armed robbery or hold up 持械抢劫或拦路抢劫	Theft of money; no injury 钱被盗,无人受伤	Theft involving assault 钱被盗,有人受伤	Serious assault, hostage taken 有人受重伤,被做人质
Boiler or electrical failure 锅炉或电气故障	3 to 4 hours 3～4 小时	4 to 12 hours 4～12 小时	12+ hours 12 小时以上
Bomb alert with suspicious device identified 炸弹警报,发现可疑装置	Hoax 恶作剧	Suspect device found and/or evacuation required 发现可疑装置和/或需要撤离	Suspect device detonates in hotel or near vicinity 可疑装置在酒店或附近引爆
Bomb threat 炸弹恐吓	Non-coded message, potential hoax 无引爆暗号,可能是恶作剧	Coded message, hotel specific 有引爆暗号,特别在酒店内	Code validated by police as genuine 引爆暗号被警方确认真实有效
Demonstration 示威	Peaceful group outside hotel 酒店外集体和平示威	Demonstrators in hotel 酒店内示威者	Riot in or near vicinity of hotel 在酒店附近闹事
Food poisoning 食物中毒		Allegations from five or more people 5 人或更多人声称中毒	Major incident with confirmed cases 大事故,有确诊病例

洲际酒店集团强调每个酒店都要有危机应对小组(CRT),主要职责就是在紧急情况下组织客人和员工的有序撤离;次要职责是执行预先设定的程序,控制并尽可能减少对个人、酒店和品牌的损害。

2. 酒店危机服务的组织化管理

每一位酒店总经理、经营者和业界人士都会有一个共识,如果酒店里能有几位优秀人才,那么我们的业绩肯定会大大改观。但是,他们也不是万能的。酒店还必须在使投诉得到顺利解决的组织体系的构建、硬件以及人员配备和培养等方面,花费大量心思,要通过一个体系,来实现真正的、团队的而非个体的"优秀"。

1) 投诉处理口径要一致

酒店要以一个组织的姿态面对媒体,即各部门之间要高度协作,联合防范,从方法到口径,从态度到举止,都要保持高度一致。封锁信息是不可能的,也是不可取的。可以设立酒店发言人职位,发言人一旦确定,其他员工在被问及问题时,应表明出明确的统一意识,"关于这个问题,请您与我们的发言人联系,谢谢!"涉及刑事或政治案件应与辖区警务、政府部门协商。

2) 自信地执行规范

(1) 像处理客人抱怨那样处理下属的抱怨。围绕客人抱怨的处理,压力可能不仅来自外部,还包括内部。这是因为针对每一个抱怨的处理,都要预想到部下对上司的判断是否赞成,是否有疑问和反对,而忽略这些,将打击部下的工作积极性,得不偿失。所以应像处理客人抱怨那样处理下属的抱怨。

(2) 建设自信,给人自信。现在已经不是那个"我说了算,不听给我走人"的时代了。但是,话软不等于弱势,换而言之,强势领导仍是绝对的需要。要有这样的自信,否则,下属就可能拒绝服从,反而会加速你自信的丧失。这是因为在麻烦处理中,负责人没有自信,会使事态更加恶化,当断不断,不仅不能平息客人的抱怨,反而会使客人越来越烦躁。

3) 通信要畅通

(1) 通信保障是安全方面的保障需求。酒店的核心功能,是给客人提供舒适、整洁、安全、温馨的服务。而核心的核心,是给客人以足够的"安心",满足安全需求。酒店必须强化突发灾害或火灾的应对体制建设。而在这里,通信联系畅通,即使自己和员工在不上班时间,也能互相联系到的这一体系建设成为关键。日本阪神大地震发生时,大仓饭店当天值班的员工 3 分钟内集合完毕,在家的员工也在地震发生后 10 分钟,乘第一班车到达酒店,投入营救和疏导客人的工作,25 分钟后,所有员工集中到酒店大堂,宣告客人全部平安。

(2) 确保酒店所有成员对电话内容理解一致。利用酒店总机这个沟通枢纽,确保完美沟通,又避免泄密。为实现对客服务的完美沟通,或为了准确把握客人的交代,各部门之间应在日常保持密切沟通,这是基础。

 小资料

美国 GE 中心的抱怨处理体系

以一个体系来处理抱怨的典型案例,就是美国 GE(通用电气)中心。GE 中心要 24 小时受理公司所有产品、员工、售后品质和销售店面方面的问题,以及五花八门、形形色色、有关无关的抱怨、意见、不满。GE 中心里设免费服务热线,全美国的消费者都可以通过这个热线,随时讲述自己比较简短的抱怨。负责接待和回答的员工固定为女性,她们接受了如何使抱怨客人放松的全方位教育。绝对不找回绝的借口,而是必须以温和的态度听取抱怨,最后,以"非常感谢您给我们提了宝贵意见"来结束交谈。据说,那些充满怒气拿起电话的客人,最后都会平和地结束谈话。这一点也不稀奇,因为他们有一个"优秀"的掌握了"使客人轻松"技巧的"体系"。

3. 酒店危机服务的基本常识

1) 听客人把话讲完

处理抱怨的第一大原则,是倾听对方意见和抱怨。倾听,体现的是酒店人的基本工作

能力。我们观察到,一般的投诉处理者,都是表面谦恭在听取,内心则在想,"酒店的制度是这样的,我也没有办法",或者"这个问题不是我负责"等,于是,总是跃跃欲试地想打断对方的讲话。这样的员工很多。更不要说,"不好意思,打断一下",性质一样,而且行事方式更加恶劣,因为我们自己往往因此而觉得自己很有礼貌,从而忽略了问题的实质,埋下了深层的隐患。

2) 让客人吐露"真情"

传达诚意不是一个说一个听的过程,而是一种氛围的创造过程,就是用心与心对话。听取客人意见的时候,无论对方是站着,还是坐着,酒店人员都应该保持直立的姿势,不要表现出紧张感,要有柔和的表情,还要给客人送去诚挚的目光。配以轻微的手势,还一定要抱着听完客人所有讲话的恭敬态度。

3) 不要一个人面对抱怨的客人

尽量创造不单独处理客人抱怨的环境,至少要有一名别的员工来为自己"作证",以彻底消除给自己带来不必要麻烦的隐患。比如,客人抱怨说"上次,这位员工处理问题的态度很恶劣"(其实根本没有,或实际情况并非如此),这是,如果有当时的"证人"在场,客人将会有所收敛,并自然而然地杜绝类似问题的发生。

4) 对道歉语言高度用心

有的客人会因为道歉中的一些小字眼儿而生气,还有些投诉被以"道歉没有诚意"为由无限升级。说"使您感到不快,真是对不起"等完整表达歉意的句子,要比简化的说"不好意思",说"实在对不起"等略加修饰的致歉简语,效果要好。

5) 与客人口头确认

客人打电话到客房服务中心说:"房间内的灯泡坏了,请给我换一个"。服务人员马上通知工程部到位,采取措施。两分钟后,工程人员和客房服务员一起敲开客人的房门,客人非常生气地喊道:"我现在正忙,不想被打扰!"问题出在哪里?及时到位应该是符合标准了。结果,客人还是不满。其实,这问题出在没有向客人确认"如何处理"上,而最好的点子,一定在客人那里。聪明的做法,应该是在接到客人电话时,直接询问客人:"两分钟以后到,您方便吗?"届时,即使客人有抱怨,也很难直接说出来。

6) 公布投诉处理记录

如果抱怨反复出现,那么,要注意的就不单是在现场的人,而是酒店全体员工了,这甚至可能是我们的体系有问题。因此,要大家一起思考、反省。隐瞒是没有任何必要的。如何公布投诉处理信息,各酒店都有自己的方针,不宜一概而论,主要有以下几种方式。

(1) 问题性质特殊,不宜公开,可经总经理批示后,在一定层级经理之间传阅。

(2) 具有部门或班组特点的问题,在部门或班组内部以阅读、讨论等形式公布,以达到自我教育目的。

(3) 问题具有普遍性,各部门均可以借鉴,以酒店文件形式向员工公布。同时注意细节的翔实,解决办法应成为今后处理同类问题的借鉴。

案例分析

1. 自驾车客人在电话里非常生气地吼道:"你们酒店到底在哪里?我已经绕车站转了一小时,按GPS指示走也看不到你们酒店的牌子……"
2. 客人打电话到客房服务中心,说:"搞不懂你们酒店的结构。我找不到大堂。"
3. 客人取消了预订,理由是"我打车时问了司机,他听人说你们酒店的服务很差,因此,我们就改订别的酒店了"。
4. 客人抱怨酒店的服务态度:"办理入住手续时干吗问我什么时候走?是赶我们走吗?"
5. 客人一脸失望地抱怨道:"我一周前就预订了,现在却不让我入住。"原来,是因为前面的客人延时退房,此时,房间还没有布置好。
6. 宴会预订部员工紧张地正在工作,一位客人进来。一位正在接听电话的员工用手势请他坐下,然后,继续电话交谈。客人渐渐变得不耐烦起来。员工的电话终于打完,马上道歉,客人已经愤怒了:"你们眼中根本没客人!"
7. 一位外国客人乘车到店时,正逢客人到店高峰,门童来不及为客人搬运行李。客人向大堂副理抱怨道:"你们的酒店要让客人自己搬行李?在欧洲没有这种怪事。你们的服务太差了!"
8. 一对夫妇说:"一个月前我们住过你们酒店……我要住跟上次一样的房间!"
9. 一位老妇人办完入住手续,行李生把她的行李搬到房间,按规范开始介绍客房设施,客人平静地插话打断了他的话:"我很累,想休息了。"
10. 住宿客人从客房打电话到总台:"我昨天交代过要一份报纸,怎么还没有?"还有一位客人这样抱怨:"我是常客,上次住的时候也讲过一次,应该记住啊!"
11. 客人很不高兴道:"人家酒店都免费提供早报,你们酒店怎么要收钱?"原来,他要的是个人指定报纸。
12. 客人投诉:"你们餐厅打烊时间太早了!"
13. 外国人看完菜单,点了菜,要了份红酒。酒店服务生随后送上一杯水。客人很诧异地问道:"我不记得我要过水,这是特别服务吗?还是说喝红酒前就要先上杯水?"
14. 后半夜两点钟,客人打来电话,要吃中餐炒菜。但酒店的送餐服务部只能提供简单的三明治、面条之类的简餐。客人非常不满意。
15. 客人不满意所点的菜"卖没了"。

【分析】怎么会有这么多的抱怨、投诉,包括客人或员工的冷漠反应?我们好像消防员,但这"火"有时来得太突然,一点先兆也没有;有时又很莫名其妙。它们围堵着酒店,五花八门,破坏心情,影响服务,常常给酒店经营带来致命打击,甚至病来如山倒般令酒店体系瘫痪。到底该怎么办?我们是不是要建立一个"快速反应部队",这项工作复杂吗?再完善的体系都不是万能的,况且,人类至今还未制造出过任何真正完善的体系。这真的是一条永远的"未济"之路。

学习完本章知识,我们会发现,投诉虽然是不可避免的,但是有规律可循。危机管理的实质乃是服务。只有以服务精神来化解危机,酒店的经营收益才有保障。任何服务质量上的危机,都不是酒店方所乐意见到的。这是因为它们或来或去,都可能充满诡异、不安、伤害以及产生一些后遗症。这些特点包括出乎意料,猝不及防;具有破坏性;发展过程充满不确定因素;时间紧迫;信息不充分;资源严重缺乏。

资料来源:王伟. 饭店危机服务. 北京:旅游教育出版社,2008

学 习 小 结

本章主要介绍了酒店服务质量的构成、前厅部服务质量的构成和特点、提高前厅部服务质量的途径、前厅部服务质量控制的运用，阐述了前厅部客史档案的来源，AM、GSM 与 GRO 的岗位职责、客人投诉产生的原因和处理的原则，以及有关"酒店危机服务"的内容。

【思考与实践】

1. 根据你所学的知识，为前厅部预订处设计一份服务质量标准，要求内容完整、合理。
2. 请和同学们分成小组，讨论前厅员工的情感投入对前厅服务质量提高的重要性。
3. 你认为前厅部服务质量控制的特点和任务是什么？
4. 根据你自己的认识，谈谈如何提高前厅部服务质量，请举例说明。
5. 请分析 AM，GSM 与 GRO 在业务上的联系和区别是什么？
6. 谈谈你对酒店危机服务的认识。
7. 在处理宾客投诉时，我们知道安慰客人十分必要。重复关键词语，体会客人的心理感受是其中一项很重要的技巧。下面是来自某客人的一些陈述，请和你的同桌模拟练习，做出第一反应式的安慰。

例：(客人)"我在房间里上网时经常遇到问题。"
(服务员)"我非常理解您在上网时遇到的困难。"

(1) "我不是一个爱抱怨的人，但是我对这些加床潜在的危险感到非常担心。"

(2) "我两天前就预订了今天晚上 8：00 的座位，但你们竟然找不到我的预订，并且让我再等 15 分钟，你们怎么能这样浪费我的时间？"

(3) "能否帮我一个忙，我房间的空调坏了，我冷得整夜无法入睡。我已经试着把温度调到 30℃ 了，可仍旧很冷。"

(4) "太令人难堪了。我刚要开始讲话的时候突然停电了，我不得不停下来。这次会议关系到一个大客户，对我至关重要，竟然搞砸了，真倒霉！"

参 考 文 献

[1] 韩军．饭店前厅运行与管理．2版．北京：清华大学出版社，2014．
[2] 卓陈健．前厅服务．北京：中国人民大学出版社，2014．
[3] 花立明，张艳平．前厅客房部运行与管理．北京：北京大学出版社，2014．
[4] 平文英，翟玮．前厅服务实务实训指导手册．北京：经济管理出版社，2014．
[5] 肖立．前厅服务基本技能．北京：中国劳动社会保障出版社，2014．
[6] 侣海岩．饭店前厅标准操作程序即查即用手册．北京：旅游教育出版社，2010．
[7] 郭一新．酒店前厅客房服务与管理实务教程．武汉：华中科技大学出版社，2010．
[8] 姜倩．饭店前厅部高效管理．北京：旅游教育出版社，2008．
[9] 凌一，马飞鹏．酒店业规范服务图解手册．深圳：海天出版社，2007．
[10] 张延．酒店个性化服务与管理．北京：旅游教育出版社，2008．
[11] 王伟．饭店危机服务．北京：旅游教育出版社，2008．
[12] 吴军卫．饭店前厅管理．2版．北京：旅游教育出版社，2008．
[13] 刘伟．现代饭店前厅运营与管理．北京：中国旅游出版社，2009．
[14] 楚庭南．经济型酒店经营与管理．北京：中国纺织出版社，2010．
[15] 曹艳芬．酒店前厅服务与管理．天津：天津大学出版社，2011．
[16] 胡剑虹．酒店前厅客房服务与管理．北京：科学出版社，2006．
[17] 王玉．前厅部实训教程．西安：西安交通大学出版社，2011．
[18] 于水华，谌文．酒店前厅与客房管理．北京：旅游教育出版社，2011．
[19] 滕宝红，李建华．酒店前厅服务员技能手册．北京：人民邮电出版社，2009．
[20] 陈乃法，吴梅．饭店前厅客房服务与管理．北京：高等教育出版社，2008．
[21] 袁照烈．酒店前厅部精细化管理与服务规范．北京：人民邮电出版社，2009．
[22] 费寅．前厅客房服务与管理．北京：中国财经出版社，2008．
[23] 周丽．旅游饭店前厅服务与管理．北京：对外经济贸易大学出版社，2008．
[24] 薛华成．管理信息系统．北京：清华大学出版社，2007．
[25] 梁冬梅．旅游公共关系原理与实务．北京：北京交通大学出版社，2008．
[26] 徐文苑，严金明．酒店前厅管理与服务．北京：清华大学出版社，北方交通大学出版社，2004．
[27] 沈蓓芬，林红梅．前厅客房运作实务．北京：电子工业出版社，2010．
[28] 何丽芳，隋海燕．酒店礼仪．广州：广东经济出版社，2010．
[29] 金正昆．服务礼仪教程．北京：中国人民大学出版社，2010
[30] 章洁．新编现代酒店(饭店)礼仪礼貌服务标准．北京：蓝天出版社，2004．
[31] 北京酒店网(www.bjhotel.cn)．
[32] 中国酒店招聘网(www.hoteljob.cn)．
[33] 迈点网(www.meadin.com)．
[34] 职业餐饮网(www.canying168.com)．
[35] 中国旅游交易网(www.17u.net)．
[36] 中国酒店人才网(www.triphr.com)．

北京大学出版社高职高专旅游系列规划教材

序号	标准书号	书名	主编	定价	出版年份	配套情况
1	978-7-301-19028-9	客房运行与管理	孙亮，赵伟丽	33	2011	电子课件，习题答案
2	978-7-301-19184-2	酒店情景英语	魏新民，申延子	28	2011	电子课件
3	978-7-301-19034-0	餐饮运行与管理	檀亚芳，王敏	34	2011	电子课件，习题答案
4	978-7-301-19306-8	景区导游	陆霞，郭海胜	32	2011	电子课件
5	978-7-301-18986-3	导游英语	王堃	30	2011	电子课件，光盘
6	978-7-301-19029-6	品牌酒店英语面试培训教程	王志玉	22	2011	电子课件
7	978-7-301-19955-8	酒店经济法律理论与实务	钱丽玲	32	2012	电子课件
8	978-7-301-19932-9	旅游法规案例教程	王志雄	36	2012	电子课件
9	978-7-301-20477-1	旅游资源与开发	冯小叶	37	2012	电子课件
10	978-7-301-20459-7	模拟导游实务	王延君	25	2012	电子课件
11	978-7-301-20478-8	酒店财务管理	左桂谔	41	2012	电子课件
12	978-7-301-20566-2	调酒与酒吧管理	单铭磊	43	2012	电子课件
13	978-7-301-20652-2	导游业务规程与技巧	叶娅丽	31	2012	电子课件
14	978-7-301-21137-3	旅游法规实用教程	周崴	31	2012	电子课件
15	978-7-301-21559-3	饭店管理实务	金丽娟	37	2013	电子课件
16	978-7-301-21891-4	酒店情景英语	高文知	36	2013	电子课件，听力光盘
17	978-7-301-22187-7	会展概论	徐静	28	2013	电子课件，习题答案
18	978-7-301-22316-1	旅行社经营实务	吴丽云，刘洁	28	2013	电子课件
19	978-7-301-22349-9	会展英语	李世平	28	2013	电子课件，mp3
20	978-7-301-22777-0	酒店前厅经营与管理	李俊	28	2013	电子课件
21	978-7-301-22416-8	会展营销	谢红芹	25	2013	电子课件
22	978-7-301-22778-7	旅行社计调实务	叶娅丽，陈学春	35	2013	电子课件
23	978-7-301-23013-8	中国旅游地理	于春雨	37	2013	电子课件
24	978-7-301-23072-5	旅游心理学	高跃	30	2013	电子课件
25	978-7-301-23210-1	旅游文学	吉凤娟	28	2013	电子课件
26	978-7-301-23143-2	餐饮经营与管理	钱丽娟	38	2013	电子课件
27	978-7-301-23232-3	旅游景区管理	肖鸿燚	38	2014	电子课件
28	978-7-301-24102-8	中国旅游文化	崔益红，韩宁	32	2014	电子课件
29	978-7-301-24396-1	会展策划	高跃	28	2014	电子课件，习题答案
30	978-7-301-24441-8	前厅客房部运行与管理	花立明，张艳平	40	2014	电子课件，习题答案
31	978-7-301-24436-4	饭店管理概论	李俊	33	2014	电子课件，习题答案
32	978-7-301-24478-4	旅游行业礼仪实训教程（第2版）	李丽	40	2014	电子课件
33	978-7-301-24481-4	酒店信息化与电子商务（第2版）	袁宇杰	26	2014	电子课件，习题答案
34	978-7-301-24477-7	酒店市场营销（第2版）	赵伟丽，魏新民	40	2014	电子课件
35	978-7-301-24629-0	旅游英语	张玉菲，谷丽丽	30	2014	电子课件
36	978-7-301-24993-2	营养配餐与养生指导	卢亚萍	26	2014	电子课件
37	978-7-301-24883-6	旅游客源国概况	金丽娟	37	2015	电子课件
38	978-7-301-25226-0	中华美食与文化	刘居超	32	2015	电子课件
39	978-7-301-25563-6	现代酒店实用英语教程	张晓辉	28	2015	电子课件，习题答案
40	978-7-301-25572-8	茶文化与茶艺（第2版）	王莎莎	38	2015	电子课件，光盘
41	978-7-301-25720-3	旅游市场营销	刘长英	31	2015	电子课件，习题答案
42	978-7-301-25898-9	会展概论（第2版）	崔益红	32	2015	电子课件
43	978-7-301-25845-3	康乐服务与管理	杨华	35	2015	电子课件
44	978-7-301-26074-6	前厅服务与管理（第2版）	黄志刚	28	2015	电子课件

如您需要更多教学资源如电子课件、电子样章、习题答案等，请登录北京大学出版社第六事业部官网www.pup6.cn 搜索下载。

如您需要浏览更多专业教材，请扫下面的二维码，关注北京大学出版社第六事业部官方微信（微信号：pup6book），随时查询专业教材、浏览教材目录、内容简介等信息，并可在线申请纸质样书用于教学。

感谢您使用我们的教材，欢迎您随时与我们联系，我们将及时做好全方位的服务。联系方式：010-62750667，37370364@qq.com，pup_6@163.com，lihu80@163.com，欢迎来电来信。客户服务QQ号：1292552107，欢迎随时咨询。